北大版对外汉语教材·报刊阅读教程系列

轻松读报

——中文报刊泛读教程

高级 II

朱建中　编著
朱　琳　翻译

图书在版编目（CIP）数据

轻松读报：中文报刊泛读教程．高级．Ⅱ/朱建中编著．—北京：北京大学出版社，
2007.6
（北大版对外汉语教材·报刊阅读教程系列）
ISBN 978-7-301-08196-9

Ⅰ．轻…　Ⅱ．朱…　Ⅲ．汉语—阅读教学—对外汉语教学—教材　Ⅳ．H195.4

中国版本图书馆 CIP 数据核字（2007）第 076654 号

书　　　名：	轻松读报——中文报刊泛读教程　高级　Ⅱ
著作责任者：	朱建中　编著
责 任 编 辑：	宋立文（slwwls@126.com）
标 准 书 号：	ISBN 978-7-301-08196-9/H·1301
出 版 发 行：	北京大学出版社
地　　　　址：	北京市海淀区成府路 205 号　100871
网　　　　址：	http://www.pup.cn
电　　　　话：	邮购部 62752015　　发行部 62750672　　编辑部 62752028
	出版部 62754962
印　刷　者：	北京大学印刷厂
经　销　者：	新华书店
	787 毫米×1092 毫米　16 开本　14 印张　230 千字
	2007 年 6 月第 1 版　2007 年 6 月第 1 次印刷
印　　　数：	0001—3000
定　　　价：	35.00 元

未经许可，不得以任何方式复制或抄袭本书之部分或全部内容。
版权所有，侵权必究

编写说明

　　本教材是《轻松读报——中文报刊泛读教程》的高级篇，分Ⅰ、Ⅱ两册，各15单元，可供一学年使用。在延续中级教程编写思路和基本体例的基础上，本教材充分体现高级阶段报刊阅读教学的特点，适用于外国留学生汉语言专业本科三年级或长期进修高级阶段的学生，也可供其他高级阶段的汉语学习者选用。

　　本教材的编写目的是要在中级阶段的基础上进一步提高学生的阅读理解能力，使他们的中文水平进入一个更高的层次，为今后从事与中文相关的工作打下坚实的基础，同时，通过对报刊文章的阅读，更加全面深入地了解中国社会。作为高级阶段的中文报刊阅读教学，无论词汇、社会文化背景还是在阅读技能的训练上，都比中级阶段前进了一步。通过这一阶段的阅读训练，学生的中文阅读能力和文化背景修养都将会跃上一个新台阶。

　　本教材选文题材广泛，包括政府与社会、经济贸易、教育文化、科学技术、生态与环保等三十多个专题，内容涉及社会生活的方方面面。文章主要选自近年的《人民日报·海外版》《光明日报》《文汇报》《工人日报》《经济参考报》《北京日报》《北京青年报》《新京报》《人民论坛》等中国重要报刊。文章体裁主要以评论为主，也有一部分是通讯类文章。根据教学需要，部分文章在语言文字上做了一定的改动，以便更好地适应学生的学习特点。

　　作为高级阶段的报刊阅读教学，重点在于训练学生进一步提高阅读速度和阅读理解的准确性，提高学生的思维加工及判断能力。本教材阅读技能的训练基本按照高年级报刊阅读教学大纲的原则设计，尽量体现新的阅读理论的成果，例如"自上而下""自下而上"和"相互作用理论"等，既有宏观的把握，提纲挈领式的阅读，也有微观细节的阅读，以及寻找问题答案的跳读等。在练习设计上，根据以上原则，与中级相比，相应增加了一定的难度。练习题型主要包括判断正误、选择正确答案、根据文章内容填空、回答问题、归纳中心思想等。对于新词、难词、成语等，专门设计了用中文解释句中画线词语的题型。

希望学生通过本教材的学习，不仅能够在中级报刊阅读的基础上，进一步提高阅读理解能力和阅读技能技巧，同时能更深入地了解中国社会。

对于编写中的不妥之处，欢迎使用本教材的教师和学生批评指正，提出改进意见。同时，衷心希望学习者能够学有所获，若能如此，本人将十分欣慰。

编　者

目 录

第一单元　医疗改革 …………………………………………… 1
  1. 呼唤"病者有其医" …………………………………………… 1
  2. 为什么医改需要反映民意 …………………………………… 6
  3. 更多的医院可以也能够由社会来创办 …………………… 10

第二单元　工作与健康 ………………………………………… 16
  1. 用积极的心态面对职业倦怠 ……………………………… 16
  2. 中年人切记：不会休息就不会工作 ……………………… 22

第三单元　反腐倡廉 …………………………………………… 28
  1. 消灭"亚腐败"现象 ………………………………………… 28
  2. 消灭"亚腐败"任重而道远 ………………………………… 33
  3. 地方跟进问责制　政治参与是关键 ……………………… 36

第四单元　生态与文明 ………………………………………… 43
  1. 北京厕所：让人们方便点，离文明近一些 ……………… 43
  2. 给风景名胜放个长假 ……………………………………… 48

第五单元　保护文化遗产 ……………………………………… 54
  1. 中国保护世界遗产走过 20 年 …………………………… 54
  2. 当孩子们"遭遇"洋文化 …………………………………… 61
  3. 非物质文化遗产保护仅有热闹是不够的 ………………… 66

第六单元　春节文化 ··· 71
　　1. 外国人乐过中国年 ··· 71
　　2. 春节海外升温的启示 ··· 76

第七单元　禁毒斗争 ··· 80
　　1. 禁毒斗争任重道远 ··· 80
　　2. 切断国际贩毒通道 ··· 87

第八单元　中国与世贸 ··· 94
　　1. 加入世贸四年　中国可得高分 ··· 94
　　2. 世贸香港会议带来新契机 ·· 99

第九单元　铁路与航空 ··· 105
　　1. 京沪高速铁路：开启高速新时代 ·· 105
　　2. 空客 A320 总装线落户天津 ··· 111

第十单元　载人航天 ··· 116
　　1. 弘扬伟大的载人航天精神 ·· 116
　　2. 自主创新圆了中国人的飞天梦 ··· 121

第十一单元　出入境与户籍制度 ·· 128
　　1. 空港进出境旅客申报制度三大变化 ···································· 128
　　2. "绿卡"制度是户籍制度改革的必要过渡 ···························· 133

第十二单元　学历反思与职业教育 ·· 140
　　1. 让学历回归本位 ·· 140
　　2. 反思高学历为取舍的社会导向 ··· 144
　　3. 职业教育关系核心竞争力 ·· 152

第十三单元　百姓生活 ··· 158
  1. 衣食住行：见证 5 年变迁 ·· 158
  2. 上海普通工薪家庭折射出中国收入分配 40 年变迁 ············ 163

第十四单元　黄金周 ··· 170
  1. 黄金周收入增长与旅游幸福感成反比 ··························· 170
  2. 黄金周：改变中国人的生活方式 ································· 174

第十五单元　公民安全 ··· 179
  1. 群众安全感调查不应止于"社会治安" ·························· 179
  2. 中国政府保护公民海外安全 ······································ 185

部分练习参考答案 ·· 191
生词总表 ·· 195

第一单元　医疗改革

1

呼唤"病者有其医"

白剑峰

最近，卫生部首次提出，各地都应选择部分公立综合医院，作为转换运行机制的试点，建立平价医院或平价病房，主要为参加合作医疗的农民、城市下岗职工、失业人员、低保人员、进城务工人员服务。这是中国政府为解决看病难、看病贵推出的新举措。

在中国，看病难、看病贵的问题较为突出。据第三次国家卫生服务调查估算，群众有病应就诊而不去就诊的比例为49％，应住院而未住院的比例高达30％。"小病拖，大病挨，实在不行才往医院抬"，是一些地方群众看不起病的真实写照。

健康是国民的基本权益，满足大多数人的基本医疗需求是政府的重要职责。医疗保障制度绝不仅仅是"富人的俱乐部"，而应是所有成员的"保护伞"。建立平价医院或平价病房，并不能解决所有问题，但这至少是一个信号：中国政府把解决群众看病难的问题纳入了视野，更加注重医疗服务的公平性。

近年来，中国医疗卫生事业有了很大发展，但与人民群众的健康需求相比，还有很大差距。

一是医疗保障覆盖率低,保障水平有限,个人负担过重,相当多的群众靠自费就医。目前,中国尚有45%的城镇人口和80%的农村人口无任何医疗保障。尤其是农民,因病致贫、因病返贫的现象依然十分突出。

二是政府对公立医院投入不足,政府财政补助仅占医院总收入的7%左右。这导致部分医院淡化了公益性质,出现了市场化倾向。一些医院的趋利行为严重,盲目扩大规模和追求经济利益,使得医疗费用持续攀升,加剧了群众看病难、看病贵。

三是医疗卫生资源配置不合理。目前,中国80%的卫生资源集中在城市,而城市中80%的卫生资源集中在大医院,农村和城市社区则相当薄弱,城乡之间、区域之间医疗条件和水平差距较大,卫生事业发展不全面、不协调。

有专家指出,中国卫生效率和公平问题根源不在于缺少公共资金,而在于缺少社会公正的价值观和有效的政府管理。尽管这个结论未必科学,但至少是一声警钟,应当引起我们的警醒。

医疗保障体系是维护社会稳定的减震器。但如果贫富之间差距过大,长期得不到解决,必然影响社会和谐稳定,影响人民对政府的信心。从中国的国情来看,让所有人都享受到高水平的医疗服务是不现实的。但是,政府要认真研究"穷人的经济学",努力创造一个相对公平的医疗保障体系,使大多数人得到安全、方便、有效、低廉的医疗服务,让卫生事业发展的成果惠及社会所有成员。

医疗改革是一个世界性难题。中国人口多、底子薄,彻底解决看病难、看病贵的问题,要经历一个长期而艰苦的过程。可喜的是,中国政府正在逐步解决群众看病难、看病贵的问题,努力构建以农村和社区卫生为基础、大型医疗卫生机构为支撑的医疗卫生服务体系,维护医疗服务的公平性。这预示着,一个"病者有其医"的时代将不会遥远。

(选自2006年1月18日《人民日报·海外版》)

生 词

1. 公立	（形）	gōnglì	be established and maintained by the government
2. 转换	（动）	zhuǎnhuàn	change; transform
3. 机制	（名）	jīzhì	machine-made; mechanism
4. 试点	（名）	shìdiǎn	make experiments; test
5. 合作医疗		hézuò yīliáo	cooperative medical service
6. 下岗		xià gǎng	come off sentry duty
7. 低保	（名）	dībǎo	the lowest life security
8. 务工	（动）	wùgōng	be engaged in industry or project
9. 写照	（名）	xiězhào	portrayal; portraiture
10. 保障	（动）	bǎozhàng	assure
11. 俱乐部	（名）	jùlèbù	club
12. 保护伞	（名）	bǎohùsǎn	umbrella
13. 纳入	（动）	nàrù	bring into
14. 视野	（名）	shìyě	visual field; field of vision; horizon; ken
15. 攀升	（动）	pānshēng	climb; rise continuously
16. 警钟	（名）	jǐngzhōng	alarm bell; fire alarm; tocsin
17. 惠及	（动）	huìjí	favour; kindness; benefit
18. 预示	（动）	yùshì	portend; indicate; presage; adumbrate

练 习

一、判断正误：

1. 建立平价医院或平价病房是中国政府为解决看病难、看病贵推出的一项新举措。（　　）
2. 在中国，有病而不去看的群众人数比例高达八成左右。（　　）
3. 目前政府最重要的职责是满足大多数人的基本医疗需求。（　　）
4. 建立平价医院或平价病房至少可以说明，中国政府更加重视医疗服务的公平性。（　　）
5. 中国医疗卫生事业的发展与人民群众的健康需求之间的差距，主要表现在三个方面。（　　）
6. 有专家指出了中国卫生效率和公平问题的根源，作者肯定了专家的观点。（　　）
7. 在医疗保障体系上，贫富差距过大并长期得不到解决，必然会对社会的和谐稳定以及人民对政府的信心产生不利的影响。（　　）
8. 政府应该努力创造一个相对公平的医疗保障体系，让所有的社会成员都能够享受到卫生事业发展的成果和高水平的医疗服务。（　　）
9. 由于中国人口多，底子薄，使得政府在解决群众看病难和看病贵的问题上显得任重而道远。（　　）
10. 为了维护医疗服务的公平性，中国政府正努力构建以农村和社区卫生为基础，大型医疗卫生机构为支撑的医疗卫生服务体系。（　　）

二、解释句中画线词语的意思：

1. 最近，卫生部首次提出，各地都应选择部分公立综合医院，作为转换运行机制的试点，建立平价医院或平价病房，主要为参加合作医疗的农民、城市下岗职工、失业人员、低保人员、进城务工人员服务。

2. "小病拖，大病挨，实在不行才往医院抬"，是一些地方群众看不起病的真实写照。

3. 目前，中国尚有45%的城镇人口和80%的农村人口无任何医疗保障。尤其是农民，因病致贫、因病返贫的现象依然十分突出。

4. 医疗保障制度绝不仅仅是"富人的俱乐部"，而应是所有成员的"保护伞"。

5. 医疗改革是一个世界性难题。中国人口多、底子薄，彻底解决看病难、看病贵的问题，要经历一个长期而艰苦的过程。

6. 这预示着，一个"病者有其医"的时代将不会遥远。

三、回答问题：

1. 中国政府建立平价医院或平价病房，其服务对象是谁？
2. 中国医疗卫生事业的发展与人民群众的健康需求之间还存在哪些差距？
3. 如果说，让所有人都享受到高水平的医疗服务不现实，那么政府应该如何做才比较现实？
4. 为什么说中国政府要彻底解决看病难、看病贵的问题，需要经历一个长期而艰苦的过程？
5. 为了解决看病难、看病贵的问题，目前中国政府是怎么做的？

为什么医改需要反映民意

秋 风

近日，拥有近 2 万名癌症患者会员的上海市癌症康复俱乐部进行了一项抽样调查，结果显示，自负医疗费用在 3 万～5 万元的占 21.4％，5 万元以上的占 21.6％。患病后家庭经济状况呈"入不敷出"的，占 42.8％。

为治疗家人疾病而乞讨、卖血、卖身的悲惨故事，也时时见诸媒体。

这样的故事非常容易牵动人们的感情。但在讨论如何建立和完善医疗福利制度的时候，仅有感情是不够的，更多的需要关注经验，需要理性的思考。

天下没有免费的午餐，医疗福利制度需要巨额成本。大多数发达国家的医疗费用开支，已经达到 GDP 的 10％左右，财政根本无力负担，因此，如何改革包括医疗福利在内的社会保障体系，是其国内最重要的政治话题之一。同样，中国计划经济时代的医疗福利制度运行了三十年之后，也严重入不敷出，包袱一直遗留到了现在。目前的改革，正是在传统体制无法维持的情况下开始的。

旧体制的主要弊端是不公平。部分人享受较高的医疗福利，而包括农民在内的大多数国民难以享受任何医疗福利。另一个弊端是，享受福利的那一部分人不承担经济责任。每个人都在花"公家"的钱，这样个人就有强烈的花钱冲动。

因此，在当下，医疗福利制度改革在追求两个看起来有点冲突的目标。其一是扩大国家医疗福利的覆盖面，把原来被排除在外的人口纳入。这是政府责任的扩大。在农村新型合作医疗中，农民的医疗保障基金筹集主要靠政府投入而不是群众集资。农村最低筹资标准 30 元中，中央和地方财政各出 10 元，个人出 10 元；明年，中央和地方财政将翻一番，最低标准将提升到40元。这一体系现在已经在全国600多个县试点，2008年将覆盖全国。医疗福利制度改革的另一目标是强化个人责任。

现在推行的个人账户和社会统筹相结合的制度，就是基于这种考虑。

正因为这两个目标看起来有一些冲突，所以，改革的分寸是不好拿捏的。进行改革既需要考虑政府的财政能力，也要考虑民众的需求，还需要考虑如何在政府与民众之间重新配置责任。进行这一改革，最为重要的是遵循公共选择的程序，考虑让民意发挥主导作用。毕竟，税收取之于民，也应当用之于民，而民众究竟有何迫切需求，应当问计于民。

在确定政府的财政责任之后，就需要考虑，如何有效地利用这些资金，使之能帮助真正需要帮助的民众。一个重要的问题是，医疗福利制度究竟是侧重于提供普遍的基本医疗保障，还是侧重于提供救急性质的救助性保险，避免有的家庭因为疾病陷入穷困状态。另一个重要问题是，医疗保险该如何经营管理。保险资金是由政府垄断性地经营管理的，但这不是一种最有效率的保险资金，应该探讨能够改善其经营管理的新模式和新办法。或许，一个竞争性医疗保险制度，可以提高医疗保险的效率。

当然，所有这些，都涉及医疗保险制度的基本原则与结构问题，因而也都是需要公众选择的问题。通过公共选择程序，让民意反映进来，最终所得到的医疗保险制度将会具有最大的合理性。

（选自2005年12月7日《新京报》）

生　　词

1. 癌症	（名）	áizhèng	cancer
2. 康复	（动）	kāngfù	recovery；recuperate；convalesce

3. 入不敷出		rù bù fū chū	unable to make ends meet
4. 话题	(名)	huàtí	subject of a talk; topic of a conversation
5. 遗留	(动)	yíliú	leave over; hand down
6. 弊端	(名)	bìduān	abuse; evil
7. 冲突	(动)	chōngtū	dissonance
8. 集资		jí zī	raise funds; collect captal (money) for abusiness; pool resources
9. 筹资		chóu zī	fund raising
10. 强化	(动)	qiánghuà	strengthen
11. 账户	(名)	zhànghù	account
12. 拿捏	(动)	nániē	possess; master; know well
13. 遵循	(动)	zūnxún	follow; abide by; comply with
14. 程序	(名)	chéngxù	order; sequence of events; procedure
15. 民意	(名)	mínyì	popular will (opinion); will of the people
16. 穷困	(形)	qióngkùn	destitute; poor; poverty
17. 垄断	(动)	lǒngduàn	monopolize

练 习

一、根据课文内容填空：

1. 在讨论如何建立和完善_____的时候，仅有_____是不够的，更多的需要关注_____，需要_____的思考。

2. 同样，中国计划经济时代的医疗福利制度运行了三十年之后，也严重_____，包袱一直遗留到了现在。目前的改革，正是_____无法维持的情况下开始的。

3. 旧体制的主要_____是不公平。部分人享受较高的_____，而包括_____在内的大多数国民难以享受任何医疗福利。另一个弊端是_____。

4. 在当下，医疗福利制度改革在追求两个目标：其一是_____，另一目标是_____。

5. 进行改革既需要考虑_____，也要考虑_____，还需要考虑_____。

6. 在确定政府的财政责任之后，就需要考虑，如何有效地利用这些资金，使之能帮助真正需要帮助的民众。一个重要的问题是_____，另一个重要问题是_____。

二、选择正确答案：

1. 旧的医疗福利制度的弊端是（　　）
   A. 部分人享受较高的医疗福利
   B. 享受福利的人不承担经济责任
   C. 人人都有花钱的冲动
   D. 只包括 A 和 B

2. 下面哪项说法不符合眼下医疗福利制度改革的目标？（　　）
   A. 扩大医疗福利的覆盖面　　B. 强化个人责任
   C. 增加群众的集资　　　　　D. 扩大政府的责任

3. 进行医疗福利制度改革，需要考虑的是（　　）
   A. 政府的财政能力
   B. 民众的需求
   C. 重新配置政府和民众之间的责任
   D. 包括以上三者

4. 作者认为，进行医疗福利制度改革最重要的一点是（　　）
   A. 让民意发挥主导作用　　B. 扩大政府的财政能力
   C. 如何强化个人的责任　　D. 扩大农村新型合作医疗

5. 如何有效地利用资金去帮助真正需要帮助的人，文章认为重要的在于（ ）
   A. 医疗福利制度的侧重点　　　B. 如何经营管理医疗保险
   C. 包括以上二者　　　　　　　D. 政府垄断管理医疗保险金
6. 作者认为，要使医疗保险制度获得最大的合理性，必须（ ）
   A. 扩大政府的投入　　　　　　B. 让民意反映进来
   C. 强化个人的责任　　　　　　D. 考虑公平原则

更多的医院可以也能够由社会来创办

卫生部网站近日公布该部部长高强在全国卫生厅局长专题培训班上的讲话。高强提出，要进一步打破公立医院的垄断，吸引社会资金投入；对以公益为目标的公立医院和以赢利为目标的民营医院，实行真正意义上的分类管理，确保它们在医疗市场上各尽其职。

在讨论医院体制改革的时候，有必要注意，改革并不是只能在国有化与市场化之间进行非此即彼的选择。其实，还有第三条道路：社会化。高强提出，一方面，通过改革，将一部分公立医疗机构改制，由社会力量举办；另一方面，吸引社会资金投入，创办医院。看起来，社会力量、社会资本、私人资本将成为医疗事业发展的重要依托。

我们来着重讨论社会资本进入医疗市场的

操作性问题。其实，社会资本不管是接管拟进行改制的原公立医院，还是兴办新医院，完全有可能是抱着经营性的目的，为了追求利润而来的。对此，政府不应禁止，因为，这样的医院毕竟可以增加医疗服务供给，从而压低价格。同时，这样的医院，通常主要针对特定的患者群体，也可以满足部分患者的特殊需求。

但是，考虑到医疗服务的特殊性质，政府应当尽可能采取各种有效措施，鼓励各种社会力量，比如宗教组织、慈善机构等等，创建非赢利性医院。这些组织本身即追求某种伦理目标，加上政府的监管，大体上可以确保医院的收费标准，仅以维持医院的正常运转为限，而不会强烈地追求利润。

当然，政府也可以通过税收、土地优惠、财政补贴等措施，鼓励企业捐赠设立基金会，创办维持公益性医院。

政府亦可以鼓励医师设立合伙制的非赢利性诊所。假如政府能够拿出招商引资的劲头，这方面的潜力其实是非常大的。

对公立医院进行改制的时候，也应当考虑保持医院的非赢利性。所以，应当优先考虑将其委托给宗教组织、慈善机构等来管理经营。

有人担心，社会力量或私人资本投资兴办非赢利性医院，也要享受免税政策，但怎样确保其利润滚动投入医院发展而不被分红，存在操作难题。其实，从技术上说，这一问题不难解决：凡是享受免税和财政补贴的医院，均须每年公布由独立审计师签字的财务报告，让公众来判断其是否践踏了非赢利性的原则。更重要的是，对于社会力量办医院，政府应当多一些宽容，毕竟，社会力量愿意办医院，本身就已经具有了公益之心，不必苛责。

对于这类社会力量兴办的医院，政府应当建立完善的监管体制。但建立这一体制的前提是，让监管机构摆脱利益冲突，真正地成为中立的监管者。目前，卫生部门既是公立医院的行政主管部门，又是医疗市场的监管者，也许很难在公立医院与社会力量医院之间一碗水端平。因此，社会力量医院要发展，需要公平的监管环境。

为此，需要将卫生部门与公立医院剥离开来。为达到这一目标，不妨考虑，对保留下来的公立医院，尝试建立社会化的治理结构。

公立医院并不一定要由政府直接来管理。目前，大型国有企业正在建立相对独立的董事会，其中最重要的一步就是引入外部董事。仿照这一制度，公立医院也可以设立董事会，作为医院的决策机构，其人员则由政府代表和外部董事共同组成，外部董事代表公众，监控医院不至于堕落成赢利性企业。

通过对公立医院治理结构的变革，通过引入社会力量举办的非赢利性医院，大体上可以构造出一个社会化的医疗服务体系，在此之外，再辅之以部分商业化医疗机构。政府的责任则是进行公平的监管，假如要提供补贴，则应当对所有非赢利性医院平等地提供补贴。这种补贴的分配应当是竞争性的，以激励各医院削减成本，改进服务，吸引患者。

医疗监管部门也可以通过各种途径，向患者提供信息，解决医患之间信息不对称的问题。比如，发挥医学会等机构的作用，或者组建医师公会，由这些机构针对各种常见疾病，制定基本医疗方案，让患者心里有底。

总之，医院体制改革似乎可以树立一种观念，那就是，医院作为一种带有强烈公益色彩的服务机构，应当，也可以由社会自己来创办、管理。

（选自2005年11月30日《新京报》）

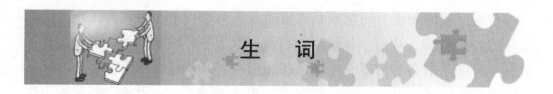

生　词

1.	培训班	（名）	péixùnbān	training course
2.	公益	（名）	gōngyì	public welfare
3.	赢利		yíng lì	gain; profit; surplus
4.	民营	（形）	mínyíng	nongovernmental business
5.	资本	（名）	zīběn	capital
6.	依托	（动）	yītuō	depend on; support; backing; prop
7.	操作性	（名）	cāozuòxìng	serviceability

8. 接管	（动）	jiēguǎn		take over the charge (control) of
9. 拟	（动）	nǐ		plan; be going to
10. 改制		gǎi zhì		change a political or economic system
11. 利润	（名）	lìrùn		profit; profit return
12. 禁止	（动）	jìnzhǐ		inhibit; forbide
13. 患者	（名）	huànzhě		sufferer
14. 群体	（名）	qúntǐ		colony; group
15. 宗教	（名）	zōngjiào		religion
16. 慈善机构		císhàn jīgòu		charitable institution (or organization)
17. 伦理	（名）	lúnlǐ		ethic
18. 监管	（动）	jiānguǎn		watch and control; take charge of
19. 优惠	（形）	yōuhuì		preferential
20. 捐赠	（动）	juānzèng		donation
21. 基金会	（名）	jījīnhuì		foundation
22. 医师	（名）	yīshī		qualified doctor
23. 诊所	（名）	zhěnsuǒ		clinic
24. 招商引资		zhāo shāng yǐn zī		invite outside investment and capitcal
25. 劲头	（名）	jìntóu		zeal
26. 分红		fēn hóng		share out bonus
27. 审计师	（名）	shěnjìshī		auditor; comptroller
28. 践踏	（动）	jiàntà		tread; tread on underfoot

29. 宽容	（形）	kuānróng	tolerate；be lenient；forgive；pardon；excuse
30. 苛责	（动）	kēzé	make harsh criticism；critize severely；excoriate
31. 端平		duānpíng	make sth. just
32. 剥离	（动）	bōlí	peel off
33. 董事会	（名）	dǒngshìhuì	directorate；board of directors；directorate
34. 仿照	（动）	fǎngzhào	imitate
35. 堕落	（动）	duòluò	degenerate；debase

练 习

一、判断正误：

1. 卫生部部长高强提出，要对以公益为目标的民营医院和以赢利为目标的公立医院实行分类管理，确保它们在医疗市场上发挥自己的作用。（　　）

2. 文章认为，医院体制改革并不是只能在国有化与市场化之间进行选择，还有第三种选择，那就是社会化的道路。（　　）

3. 尽管社会资本进入医疗市场是为了追求利润而来，但是政府不应禁止，因为，这样的医院对于增加医疗服务供给，压低价格，同时对满足特定的患者群体的需求都是有好处的。（　　）

4. 政府应当尽可能采取各种有效措施，鼓励各种社会力量创建非赢利性医院。（　　）

5. 作者认为，对于社会力量办医院，政府只要不去苛责，多一些宽容，就能确保其利润投入医院发展而不被分红。（　　）

6. 对于社会力量兴办的医院，政府应当建立完善的监管体制，但前提

是监管机构必须是中立的监管者。（　　）
7. 为了做到在公立医院与社会力量兴办的医院之间实行公平原则，卫生部门必须做到既是公立医院的行政主管部门，又是医疗市场的监管者。（　　）
8. 为了监控公立医院不至于堕落成赢利性企业，可以建立董事会来作为医院的决策机构，而且董事会成员可以由政府代表和公众代表共同组成。（　　）
9. 为了激励各医院削减成本，改进服务，吸引患者，在对所有非赢利性医院提供补贴的问题上，政府的政策应当是竞争性的。（　　）
10. 医疗监管部门也可以针对各种常见疾病，制定基本医疗方案，发挥医学会、医师公会等机构的作用，向患者提供信息，让患者心里有底。（　　）

二、回答问题：

1. 卫生部部长高强在全国卫生厅局长专题培训班上的讲话中提出了什么问题？
2. 在医院体制改革中，第三条道路具体指的是什么？
3. 社会资本不管是接管拟进行改制的原公立医院，还是兴办新医院，完全有可能是抱着经营性的目的，为了追求利润而来，对此，为什么政府不应禁止？
4. 政府应该怎么做才能大体上确保医院的收费标准仅以维持医院的正常运转为限，而不会去强烈地追求利润？
5. 社会力量兴办的医院要发展，需要公平的监管环境，为此政府应该怎么做？
6. 构造出一个社会化的医疗服务体系指的是什么？其中政府的责任是什么？
7. 医疗监管部门如何解决医患之间信息不对称的问题？
8. 医院体制改革中要树立一种什么观念？

第二单元 工作与健康

用积极的心态面对职业倦怠

北京师范大学心理学院教授 刘翔平

职业导致的心理问题被称为职业倦怠。有调查显示，世界上职业倦怠发生率最高的是警察，他们接触社会阴暗面最多，所以更容易变得特别压抑。

三方入手减轻压力

职业倦怠是表层的消极，神经症则是深层的消极。神经症是心理不健康的一个很重要的概念，它首先是一种人格问题。对神经症可以从三个维度上理解：第一他在做正确的事、做道德的事时愉快感觉特别少；第二他的负罪感特别强，总是认为自己这不对，那不对；第三是做事功利性太强。

从这三个维度上的任何一个方面入手，都能减轻压力，缓解神经症。

第一，增强做成功的事情、做道德的事情的快乐感、幸福感。第二，对挫败不要过于在意。其实人人都会犯错误，犯错误也是人生存的一种状态。第三，不要刻意追求功利，凡事适可而止。

患有神经症的人最大的问题就是做事很难超越"功利"。由于不能超越功利，就特别追求完美，永远有卑劣感。比如说追求赚钱，你是大款，还有人比你强，所以会有卑劣感；追求权力也是这样，总有不确定感。这样就特别矛盾，就会苛求自己，怀疑自我。这种人做一切事都带有补偿的性质，罪疚感特别强，非常不快乐。他快乐的唯一来源就是别人的评价，所以患有神经症的人特别在乎周围人的评价，心情不稳定，最后的结果就是讨厌自己，觉得自己什么事都做错了。

学会遗忘　承认不完美

怎么超越这种心理障碍呢？最重要的是要有积极的心态，增强做正确事情的快乐体验，这个心理学运动就叫积极心理。积极心理学是当代心理学运动的一个主流。

那么该怎样积极？

第一，对待过去我们要学会遗忘、要宽容。有些心理不健康的人总爱回味体验痛苦的经验。其实痛苦的经历已经过去了，幸福比成功更重要。

遗忘是一种幸福。心理学家做过一个实验，选两组老鼠，第一组学习能力比较强，走迷宫走一遍就学会了；第二组是笨老鼠，走迷宫老走错。心理学家把这两组老鼠放在笼子里，通上电电它们。聪明老鼠被电后不吃也不喝，很焦虑，不久就死了；笨老鼠没事，睡醒了照吃照玩。原因就在于聪明老鼠智商高，对痛苦的电击环境记忆好，总是担心再被电击。笨老鼠记不住迷宫怎么走，对电击的经历忘得也快。中国有句话叫"难得糊涂"。智商低的人有时反而比较幸福。研究表明，农村中年妇女比报社女记者幸福感强多了。所以在受挫折的时候，不需要记忆力那么好，要糊涂一点。

第二，对未来的积极。就是要乐观。乐观是积极心理学所推崇的。研究发现，平均每4个人中就有一个人是特别悲观的，后天环境无论怎么好，他还是悲观；而平均每7个人中才有一个是乐观的。

乐观的人心态稳定，对自己的感觉特别好。例如有一个特别乐观的人，有一天遭遇车祸，醒来发现自己后半辈子得坐轮椅了，他痛不欲生，谁也不见，想自杀。但是研究发现，他这种心态只持续3个月，3个月后他又能跟护士开玩笑，又能高高兴兴地晒太阳了。另外一个相反的例子，美国有个女士，年轻时就有轻微抑郁症，总是不快乐。她有个习惯，每个礼拜花两美元买彩票，有一次她中了2200万美元的大奖，买了一幢32个房间的大别墅，把两个儿子送到最好的私立学校，她当时感到非常幸福。但是这种幸福感只持续了6个月，6个月以后她又像原来那样不快乐了。所以，决定幸福的是心理健康的人格，是乐观的心态，而不是赚多少钱，成不成功。

乐观有助健康

乐观不仅影响人的工作业绩，还影响到身体健康。研究发现，45岁以后人体衰老快不快，疾病多不多，与心态很有关。如果年轻时经常心情不好，45岁以后身体衰老得就更快。

有关心脏病的调查结果也很惊人。有心理学家调查了两组首次发生心肌梗塞的病人，第一组是乐观组，第二组是悲观组。结果发现，乐观组的17个人中，心脏病第二次发作时只有一个人死了；悲观组的18个人，心脏病第二次发作时，有17个人死了。

当然，提倡乐观并不是说盲目高兴。第一是要超越功利主义去做你认为值得做的事情。比如记者，不要仅仅为完成任务写稿子，而要抱着社会良知，以非功利心态享受写稿子的乐趣。第二是要承认不完美。什么叫积极，就是要对痛苦坦然接受。人应该承认不完美，承认挫折的存在，承认压力的存在，而不是否定自己，不接纳自己。承认不完美是人生存在的一个前提。积极地去做事，从中体验无功利的快乐。这样每一天对我们来说都是新的，都是值得期待的。

（选自2006年1月5日《光明日报》）

生　词

1. 倦怠	（形）	juàndài	weary; tired
2. 阴暗面	（名）	yīn'ànmiàn	the dark side of things
3. 压抑	（动）	yāyì	constrain; inhibit; depress; oppressive; stifling
4. 消极	（形）	xiāojí	negative
5. 神经症	（名）	shénjīngzhèng	neurosis
6. 概念	（名）	gàiniàn	idea; notion; concept

7. 人格	（名）	réngé		character; personality
8. 维度	（名）	wéidù		dimensionality
9. 负罪	（动）	fùzuì		bear accusation
10. 功利	（名）	gōnglì		utility
11. 挫败	（动）	cuòbài		defeat
12. 刻意	（副）	kèyì		painstakingly; sedulously
13. 适可而止		shì kě ér zhǐ		stop before going too far; never overdo sth.; stop where you reach the limit
14. 卑劣	（形）	bēiliè		base; mean; vicious
15. 大款	（名）	dàkuǎn		the rich
16. 苛求	（动）	kēqiú		be very exacting; ask too much; make excessive demands
17. 遗忘	（动）	yíwàng		miss; forget
18. 迷宫	（名）	mígōng		labyrinth; maze
19. 智商	（名）	zhìshāng		intelligence quotient; IQ
20. 电击	（动）	diànjī		electric shock; telegraphic transfer; remit by telegram
21. 糊涂	（形）	hútu		muddled; confused
22. 挫折	（名）	cuòzhé		frustration; setback
23. 推崇	（动）	tuīchóng		hold in esteem; praise highly
24. 车祸	（名）	chēhuò		traffic accident
25. 轮椅	（名）	lúnyǐ		wheelchair
26. 痛不欲生		tòng bú yù shēng		grieve to the extent of wishing to die
27. 自杀	（动）	zìshā		commit suicide; take one's own life

28. 抑郁症	（名）	yìyùzhèng	depression
29. 别墅	（名）	biéshù	villa
30. 业绩	（名）	yèjì	outstanding achievement
31. 衰老	（动）	shuāilǎo	old and feeble; decrepit; senile
32. 心肌梗塞		xīnjī gěngsè	myocardial infarction
33. 良知	（名）	liángzhī	conscience

练 习

一、选择正确答案：

1. 世界上职业倦怠发生率最高的是警察，因为他们（　　）
   A. 最容易对职业产生厌倦
   B. 接触社会阴暗面最多
   C. 心情特别压抑
   D. 心理最为脆弱

2. 对神经症可以从三个维度上来理解，下面哪个不在其中？（　　）
   A. 做正确的事、做道德的事时愉快感觉特别少
   B. 负罪感特别强，总是认为自己这不对，那不对
   C. 受到称赞时过分乐观，受到批评时十分沮丧
   D. 做事功利性太强，总希望能立刻成功见效

3. 要减轻压力，缓解神经症，必须怎么做？（　　）
   A. 做事增强快乐和幸福感
   B. 遇到挫折不必过分在意
   C. 凡事要适可而止，不急功近利
   D. 包括以上三者

4. 患神经症的人最大的问题是（　　）
   A. 做事难于超越功利　　　　　B. 做事要求特别完美
   C. 自身有卑劣感　　　　　　　D. 特别在乎周围人的评价

5. 为了超越做事追求功利的心理障碍，最重要的是要有积极的心态，但如何积极？（ ）
   A. 学会遗忘过去　　　　　　　　B. 学会宽容
   C. 对未来要积极乐观　　　　　　D. 包括以上三者

6. 下面哪项表述不符合作者的意思？（ ）
   A. 遗忘是一种幸福
   B. 智商低的人有时反而幸福感强
   C. 一个人做任何事情都应该糊涂点
   D. 人在受挫折时不需要记忆力太好

7. 作者举出美国的一位女士中了2200万美元大奖的故事，是要说明决定幸福的是什么？（ ）
   A. 乐观的心态　　　　　　　　　B. 能赚足够的钱
   C. 事业获得成功　　　　　　　　D. 身体健康无疾病

8. 关于乐观与健康之间的关系，作者认为乐观不能够（ ）
   A. 影响人的工作业绩
   B. 使人做事特别激动
   C. 影响人的身体健康
   D. 影响人的衰老程度

9. 提倡乐观但是不盲目乐观，就应该（ ）
   A. 做事要超越功利主义　　　　　B. 要承认不完美
   C. 心里不承认有压力　　　　　　D. 只包括 A 和 B

二、回答问题：

1. 什么是职业倦怠？
2. 如何从三个维度上理解神经症？
3. 如何才能缓解神经症？
4. 有神经症的人最大的问题是什么？
5. 有神经症的人如何超越心理障碍？
6. 乐观有什么作用？如何才能做到乐观？

中年人切记：不会休息就不会工作

——"过劳死"与健康的"种子"法则

南昌大学医学院　胡春松　北京大学人民医院　胡大一

近几年，知识分子"过劳死"屡见报端，如，年仅32岁的中国社科院学者萧亮中；36岁的清华大学讲师焦连伟；46岁的清华大学教授高文焕；36岁的浙江大学教授、博士生导师何勇等。由于"过劳死"现象频繁出现，我国知识分子平均寿命仅有58岁。严峻的现实向许多中青年知识分子及管理层敲响了警钟。知识分子英年早逝，不仅是个人和家庭的损失，而且是国家的重大损失。大力实施人才安全战略的重要内容之一是保障人才安全与健康。

中青年知识分子由于事业、家庭的重担，对于自身的健康关注甚少。不良的生活方式如长期熬夜、工作超负荷、心理压力大、缺乏运动、营养不均衡、吸烟、嗜酒等以及睡眠障碍，悄悄地侵蚀着他们的健康。究其根源，主要有几个方面：

首先，应当说这些知识分子不注意劳逸结合，且缺乏对工作与休息关系的辩证认识。他们似乎忘记了"不会休息就不会工作""身体是革命的本钱"这些至理名言。

其次，不重视定期检查。导致知识分子英年早逝的主要疾病是生活方式病，如心脑血管病、癌症、糖尿病、肥胖等。这些病不仅发病率高，如高血压发病率已达18.8%，个别地区甚至高达25%，而且发病年龄提前，如冠心病已提前到35岁~45岁，至少比以前提前10年左右。这些疾病早期可能无任何症状，故人们称高血压为"悄悄的凶手",因此,不进行定期检查就会贻误治疗,直至出现悲剧。

三是缺乏相关的保健知识。尽管我国著名健康教育专家们的健康保健知识讲座亦不少,但遗憾的是对相关讲座关注的大多数是老年群体,中青年知识分子因为工作繁忙而忽视。中青年知识分子要避免"过劳死",就要切实认识到:

1. 工作与休息的辩证关系。要牢记"不会休息就不会工作"的格言。

2. 坚持定期检查。研究表明,定期检查是防治疾病的重要措施,体现了预防为主的方针和对"预防是最好的治疗"的认识。管理层亦应重视和督促他们进行定期检查。

3. 学习相关健康知识。健康讲座不仅应进社区,进学校,进机关、企事业等单位,还应进高校实验室。要让中青年知识分子接受健康教育,认识到健康教育的重要作用。

通过上述三个方面的努力,使知识分子戒除不良的生活方式和习惯,从而大大减少生活方式相关疾病的致死致残率。

最近,我们提出的健康"种子"法则,即最基本的健康要素包括睡眠(Sleep)、情绪(Emotion)、运动(Exercise)和饮食(Diet)。它们构成健康的"种子"法则(S-E-E-D法则)。其内容包括:(1)睡眠法则:合理睡眠,午间小憩;(2)情绪法则:情绪稳定,心态平和;(3)运动法则:有氧运动,动静结合;(4)饮食法则:科学饮食,营养均衡。它在人们的日常保健中起着非常重要的作用,是保持健康的基本要素和首要法则。若广大中青年知识分子能在日常工作和生活中遵守并实践健康的"种子"法则,相信他们患心脑血管病、癌症、糖尿病和肥胖症的几率一定会大大减少,才华横溢的中青年知识分子就可以为国家,为人民做更多更大的贡献。他们的平均寿命定可以从58岁上升为85岁。

(选自2006年1月5日《光明时报》)

生 词

1.	过劳死	（名）	guòláosǐ	karoshi
2.	知识分子		zhīshi fènzǐ	intellectual
3.	报端	（名）	bàoduān	in a newspaper
4.	讲师	（名）	jiǎngshī	lecturer
5.	教授	（名）	jiàoshòu	professor
6.	频繁	（形）	pínfán	frequent
7.	英年早逝		yīngnián zǎoshì	pass away when one is Young
8.	重担	（名）	zhòngdàn	heavy burden; heavy responsibilities
9.	熬夜		áo yè	be up late into the night; do not go to bed atnight; stay up late
10.	超负荷		chāo fùhè	excess load; overload
11.	均衡	（形）	jūnhéng	balanced; proportionate
12.	嗜酒	（动）	shìjiǔ	sot
13.	侵蚀	（动）	qīnshí	corrode; erode
14.	根源	（名）	gēnyuán	root
15.	劳逸结合		láo yì jiéhé	strike a proper balance between work and rest; alternate work with rest and recreatio
16.	辩证	（形）	biànzhèng	discriminate

17. 至理名言		zhìlǐ míngyán	reat speech axiom；maxim；famous istum, golden saying
18. 心脑血管病	（名）	xīnnǎoxuèguǎnbìng	cardiovascular and cerebral system diseases
19. 糖尿病	（名）	tángniàobìng	diabetes mellitus；diabetes
20. 肥胖	（形）	féipàng	fat；corpulent；puffy
21. 高血压	（名）	gāoxuèyā	high blood pressure；hypertension
22. 症状	（名）	zhèngzhuàng	symptom
23. 贻误	（动）	yíwù	mislead；bungle
24. 保健	（动）	bǎojiàn	health care；health protection
25. 讲座	（名）	jiǎngzuò	a course of lectures
26. 格言	（名）	géyán	motto and maxim；adage；apothegm
27. 督促	（动）	dūcù	supervise and urge；press
28. 社区	（名）	shèqū	community
29. 机关	（名）	jīguān	establishment；office；body；organ
30. 致残	（动）	zhìcán	cause cripple；be disabled
31. 种子	（名）	zhǒngzi	seed
32. 法则	（名）	fǎzé	rule；laws and regulations
33. 小憩	（动）	xiǎoqì	take a short rest
34. 几率	（名）	jīlǜ	probability

35. 才华横溢		cáihuá héngyì	brim with talent; have superb talent
36. 寿命	（名）	shòumìng	life-span; life

练 习

一、根据课文内容填空：

1. 近几年，知识分子_____屡见报端，知识分子_____不仅是_____的损失，而且是_____的重大损失。

2. 中青年知识分子由于_____，对于_____甚少。

3. 知识分子的健康问题引人关注，究其根源有以下原因：
   首先，_____；
   其次，_____；
   第三，_____。

4. 中青年知识分子要避免"过劳死"需要注意以下三个方面：
   第一，_____；
   第二，_____；
   第三，_____。

5. 最近提出的健康"种子"法则，其最基本的健康要素包括_____、_____、_____和_____。其内容包括_____、_____、_____和_____。

二、判断正误：

1. 由于"过劳死"现象频繁出现，我国知识分子的平均寿命不超过60岁。（   ）

2. 知识分子英年早逝，不仅仅是个人和家庭的损失，更是国家的重大损失，因此国家大力实施人才安全战略的重要内容之一就是要保障人才的安全与健康。（　　）

3. 中青年知识分子由于只关心事业、家庭，不关注自身的健康，再加上不良的生活方式等，使他们的健康不断受到威胁。（　　）

4. 知识分子的健康问题引人关注，究其根源有三个原因，而不注意劳逸结合，缺乏对工作与休息关系的辩证认识是其中的一个原因。（　　）

5. 在知识分子中，冠心病发病率已达18.8%，而且发病年龄至少比以前提前了10年左右。（　　）

6. 中青年知识分子因为工作繁忙而不关注相关的健康讲座，因此他们缺乏相关的保健知识。（　　）

7. 中青年知识分子要避免"过劳死"，就要切实地认识到三点。（　　）

8. 知识分子只要戒除不良的生活方式和习惯，就能大大降低与生活方式相关的疾病的致死致残率。（　　）

9. 最近提出的健康"种子"法则，其基本的健康要素包括睡眠、情绪、习惯和饮食4个因素。（　　）

10. 若广大中青年知识分子能在日常工作和生活中遵守并实践健康的"种子"法则，那么，他们的平均寿命就可以有较大的提高。（　　）

第三单元　反腐倡廉

消灭"亚腐败"现象

梁小民

最近读了一本名为《接待处处长》的小说。这本小说虽说不上如何杰出，但小说中提出的"亚腐败"现象却值得我们关注。

按作者的解释，如果说贪污、受贿是腐败，那么，拿公款大吃大喝、铺张浪费、送礼公关，就是"亚腐败"。"亚腐败"有多严重？小说中提到的一个并不发达的地级市每年就花2000万元以上。这种状况绝不是小说的虚构，而是在许多地方存在的事实，有些地方也许比小说中写的还严重。

"亚腐败"根据何在？今年两会上全国政协委员任玉岭关于降低行政费用的提案给了我们一个答案。他提供的数据是，从1978年到2003年的25年间，我国的行政管理费用已增长87倍，平均每年增长23%，大大超过了GDP增长率。行政管理费占财政总支出的比重，比美国高出9.13个百分点。他指出："我们不少党政机关在用钱上大手大脚和铺张浪费的现象非常严重。我国行政管理经费增长之快，行政成本之高，已经达到世界少有的地步。"

行政费用的增加不能说全是"亚腐败"，有一部分是正常的、必需的，但肯定有一部分是用于"亚腐败"的。在现实中，"亚腐败"并不限于经接待处长花出去的公款接待吃喝，还体现在其他方面,如超标准配车,公车私用;机构人员超编制膨胀;文山会海、形象工程、形式主义等等。

我们还是一个发展中国家,财政收入有限。教育、社会保障、缩小城乡收入差距、养老、让穷人看得起病等等都需要大量资金,"亚腐败"无疑是对国家资源的浪费。而且,"亚腐败"又给贪污分子留下了可乘之机。小说中该市的政府宾馆金州宾馆总经理黄金叶就利用这种"亚腐败"贪污了300多万元。这也是发生在我们身边的真实情况。"亚腐败"败坏了党风,这种政治上的危害比经济上资源的浪费还严重。对于"亚腐败"的不良影响,我们不仅要算经济账,而且要算政治账。

毛主席早就教导我们,贪污和浪费是极大的犯罪,所以,贪污受贿的腐败和公款吃喝等"亚腐败"要同时消灭。痛恨严惩腐败而容忍"亚腐败"不是真反腐。

但是,反腐败易,反"亚腐败"难。难就难在反腐败有法律依据,贪污受贿该如何判决,法律上清清楚楚。而"亚腐败"尚且在合法范围之内,至今没见哪个官员由于公费吃喝或接待之类"亚腐败"受到党纪国法处罚。反"亚腐败"应该从哪里入手呢?

首先要在经济改革的同时推动政治体制改革,机构膨胀、人员超编、文山会海、形式主义之类"亚腐败"还在于政府职能没有得到根本转变。市场经济需要一个高效、廉洁的小政府。中央一再强调,政府职能转变是当前改革的中心。政府放开自己不该管的事,抓好自己该管的事,就是政府职能改变的基本内容。按这一原则推动政治体制改革,"亚腐败"就可以得到有效的克服。

其次也需要有硬性的制度来约束政府的行为。一方面需要以行政法的形式规定政府的支出,不允许行政费用超支。行政经费用于哪些事情,不能用于哪些事情,要有硬性规定。另一方面要控制政府的收入,尤其不允许个别地方政府用乱收费或挪用其他正当支出的方法为"亚腐败"提供资金。断绝"亚腐败"的资金来源,才能消灭这种现象。当然,这些硬性规定要能起作用,还需要处罚与监督。对"亚腐败"的官员应该严惩,起码不能重用提拔。

最后也需要进行道德教育。道德也许不如硬制度那样起作用,但天天讲、月月讲、年年讲,对官员还是有潜移默化的作用的。如果能形成一种良好的社会风气,不搞"亚腐败"成为我们共识的一个道德底线,"亚腐败"的消除就有希望了。

(选自2006年3月17日《北京青年报》)

生　词

1.	亚腐败	（名）	yàfǔbài	subcorruption
2.	杰出	（形）	jiéchū	outstanding
3.	贪污	（动）	tānwū	corruption; graft
4.	受贿	（动）	shòuhuì	accept (or take) bribes
5.	公款	（名）	gōngkuǎn	public money
6.	大吃大喝		dà chī dà hē	indulge in extravagant eating and drinking
7.	铺张浪费		pūzhāng làngfèi	extravagance and waste
8.	公关	（名）	gōngguān	public relations
9.	虚构	（动）	xūgòu	make up; fabricate
10.	大手大脚		dà shǒu dà jiǎo	extravagant; be wasteful; spend with a free hand
11.	配车		pèi chē	assigned car
12.	编制	（名）	biānzhì	staffing quota
13.	膨胀	（动）	péngzhàng	dilate; swell
14.	文山会海		wén shān huì hǎi	too much paper work and meetings to attend to; red tape with mountains of documents and seas of meetings
15.	党纪国法		dǎngjì guófǎ	party discipline and the law of the land

16. 处罚	（动）	chǔfá	punish; sentence; penalize
17. 入手	（动）	rùshǒu	start with
18. 廉洁	（形）	liánjié	honest; integrity; purity
19. 硬性	（形）	yìngxìng	rigid; stiff; inflexible
20. 约束	（动）	yuēshù	check; restrain; control; restrict
21. 超支	（动）	chāozhī	live beyond one's income; overspend
22. 挪用	（动）	nuóyòng	divert (funds); devert money to other purpose
23. 重用	（动）	zhòngyòng	put sb in a very important position
24. 提拔	（动）	tíbá	promote
25. 潜移默化		qián yí mò huà	imperceptibly influence

练 习

一、判断正误：

1. 按作者的解释，拿公款大吃大喝、铺张浪费、送礼公关，都属于"亚腐败"现象。（　　）

2. 国家有关部门提供的数据表明，从1978年到2003年的25年间，我国的行政管理费用增长了87倍，年均增长率超过了美国GDP增长率的9.13个百分点。（　　）

3. 全国政协委员任玉岭指出，不少党政机关用钱大手大脚，铺张浪费现象十分严重。（　　）

4. 我国行政管理经费增长速度以及行政成本费用已经达到世界最高水平。（ ）

5. 在现实生活中，"亚腐败"并不限于公款接待吃喝，其他如超标准配车，公车私用；机构人员超编制膨胀；文山会海、形象工程、形式主义等等都属于"亚腐败"。（ ）

6. 对于"亚腐败"现象，我们不仅要在经济上，而且要在政治上进行治理。（ ）

7. 作者认为，反"亚腐败"难，因为目前"亚腐败"尚且属于合法范围，反对它还缺乏法律依据。（ ）

8. 官员由于公费吃喝或接待之类而"亚腐败"是不会受到党纪国法处罚的，作者同意这种观点。（ ）

二、回答问题：

1. 举例说明什么是"亚腐败"。
2. 为什么反"亚腐败"比反腐败更难？
3. 作者认为应该从哪几个方面入手来反"亚腐败"？

消灭"亚腐败"任重而道远

3月17日《北京青年报》发表了清华大学EMBA特聘教授、著名经济学家梁小民的评论《消灭"亚腐败"现象》，对"亚腐败"现象进行了分析，也提出了如何消灭亚腐败的建议，比如在经济体制改革的同时推动政治体制改革，需要有硬性的制度来约束政府的行为，要进行道德教育等。对于文章的分析和所阐述的观点，笔者非常赞同。

"亚腐败"是目前一种非常普遍的现象，而且"亚腐败"的"食物链"很长，错综复杂，甚至环环相扣，既难以斩断，又难以理清，已经俨然形成一个"怪圈"，因此，如果让处于"怪圈"中的人来主持消灭"亚腐败"，显然难以行得通。我们要弄清楚的是，究竟是哪些人在搞"亚腐败"？谁有能力搞"亚腐败"？相信普通群众是没有搞"亚腐败"的条件的，而真正搞"亚腐败"的人，肯定又是不愿意放弃"亚腐败"的机会的。所以，靠道德自律和各级党政部门出台的硬性制度、规定，显然难以发挥更为有效的作用。

由"亚腐败"问题，笔者联想到近年来我国行政开支增长速度大大超过GDP增长速度的问题。据报道，2004年中国至少有公车400万辆，我国公车消费财政资源4085亿元，大约占全国财政收入的13%以上。尽管近年来出台了很多的政策、制度、规定，下发了数不清的"红头文件"，力求解决这种影响政府形象、影响行政效率的问题，但公车私用、大吃大喝、铺张浪费、公款出国旅游等，都未发生明显的改观，行政支出依然居高不下，财政不堪重负，而用于教育、医疗、社保等方面的政府投入却捉襟见肘，两者形成了鲜明的对比。

总之，"亚腐败"已经成为仅次于腐败行为的又一大社会问题，已经渗透到社会生活的很多方面，应当引起我们的高度重视，并应尽快就如何消灭"亚腐败"现象，拿出切合实际的对策。笔者以为,必须从依法行政和维护法律尊严的高度,首先对"亚腐败"行为作出准确的分析和判断。如果不从全局高度、战略高度去寻求解决的办法,仅靠各级政府自行制定政策、规定,"亚腐败"行为将难以被彻底消灭,甚至还可能导致互相攀比,使"亚腐败"现象愈演愈烈。

（选自2006年3月18日《北京青年报》）

生 词

1.	特聘	（动）	tèpìn	appoint sb. by special engagement
2.	阐述	（动）	chǎnshù	expound；elaborate
3.	赞同	（动）	zàntóng	approve
4.	食物链	（名）	shíwùliàn	food chain
5.	错综复杂		cuòzōng fùzá	anfractuosity
6.	环环相扣		huánhuán xiāng kòu	a chain of rings（metaphor）connect firmly
7.	斩断	（动）	zhǎnduàn	cut off
8.	理清	（动）	lǐqīng	explain；clearly
9.	俨然	（副）	yǎnrán	dignified；just like；solemn
10.	自律	（动）	zìlǜ	self-discipline
11.	红头文件		hóngtóu wénjiàn	red document
12.	改观	（动）	gǎiguān	change the appearance
13.	居高不下		jū gāo bú xià	still be high
14.	不堪重负		bùkān zhòngfù	can't bear heavy burden

15. 捉襟见肘		zhuō jīn jiàn zhǒu	have too many difficulties to cope with; pull down one's jacket to conceal the raggedness, only to expose one's elbows
16. 渗透	（动）	shèntòu	permeate infiltrate
17. 攀比	（动）	pānbǐ	compare unrealistically

练 习

一、判断正误：

1. 著名经济学家梁小民对"亚腐败"现象的分析和如何消灭亚腐败的建议，笔者表示非常赞同。（ ）

2. 文章认为，让处于"怪圈"中的人来主持消灭"亚腐败"，显然是行得通的。（ ）

3. 文章认为，消灭"亚腐败"，靠道德自律和各级党政部门出台的硬性制度、规定，不能发挥作用。（ ）

4. 由于存在"亚腐败"现象，笔者联想到近年来我国行政开支增长速度比 GDP 增长速度要快得多。（ ）

5. 据报道，2004 年中国的公车消费财政资源 4085 亿元，占国家财政收入的 13% 以上。（ ）

6. 尽管近年来政府出台了很多的政策、制度、规定等，但公车私用、大吃大喝、铺张浪费、公款出国旅游等问题，都未能得到有效的抑制。（ ）

7. 一方面政府用于教育、医疗、社保等方面的投入居高不下，另一方面财政不堪负重，两者形成了鲜明的对比。（ ）

8. 笔者认为，"亚腐败"行为仅靠各级政府自行制定政策、规定，将很难被彻底消灭，而且弄不好甚至还可能导致"亚腐败"现象愈

演愈烈。（　　）

二、回答问题：

1. "亚腐败"为什么能形成"怪圈"？
2. 消灭"亚腐败"为什么靠道德自律和各级党政部门出台的硬性制度、规定难以发挥更为有效的作用？
3. 要彻底消灭"亚腐败"，笔者认为应该怎么做才能更有效？

地方跟进问责制
政治参与是关键

继重庆市于去年首次推出行政首长问责制之后，各地陆续有类似的制度、规定出台。深圳市最近也出台了《深圳市人民政府部门行政首长问责暂行办法》，使"问责制"再次成为政府改革领域中一个引起注意的话题。

根据深圳市制定的这个《办法》，市政府各部门不履行或不正确履行职责，或政府部门行政首长在公众场合的言行与职务身份不相符合造成重大失误或不良社会影响，将追究行政首长（含主持工作的副职）的责任。《办法》中还详细规定了34种应当问责的情形，其中包括执行不力、决策失误、效能低下、违法行政、滥用职权等方面。

问责制要求政治官员为其决策负责。这种

责任，既包括政治责任，也包括刑事责任。本质上，它是要求权力与责任相匹配，要求以制度化的方式，将权力与责任两者之间的关系明确下来。许多国家的经验都表明，一个按照民主制原则运行的政府，其制度构成框架中必然包含有问责制。

重庆、深圳以及其他一些地方的政府尝试引入问责概念，并形成制度化的实践，这应该看作是有积极意义的进步。温家宝总理不久前接受法国《费加罗报》记者采访时，对中国民主政治公开表态，强调没有民主就没有社会主义，没有政治体制的改革就不能保障经济体制改革的成果。他还特别提到，要推进政府自身改革，使政府能够更好地实行民主科学决策，依法行政，并接受人民的监督。温总理能够在国际社会面前就政府的民主问题从容议论，其底气当然在于我们在政府的执政理念和执政方式方面确实有改革的意图和实际努力。首长问责制的推行，是这种努力的一项佐证。

问责制比起无从制约的权力，比起不需要负责任的权力行使来说，将权力与责任追究挂钩，是一项有重大意义的行政进步。中国国情条件下的政府行政制度中，突出特点是行政首长的权力高度集中，同时，权力行使的覆盖面还极为广泛，权力的界限也非常含糊，以至于曾有一些市长在推行"行政确权"的改革试验中惊讶，自己竟然有如此多的权力可以行使。在这样的情况下，对一把手的监督是公认的制度改革难题。

行政首长问责制的积极意义在于，它重点突出了行政首长要为其权力的行使负责任。这次深圳出台问责制，市长许宗衡强调，"作为市长，我是政府系统加强执行力建设和廉政工作的第一责任人。我郑重承诺：在土地、项目、工程审批等政府重大经济活动上，我不会打一个招呼，不会批一个条子，不会推荐一个队伍，凡是有打着我的旗号办事的，有关部门不必请示，可以立即查处。"这一承诺体现的制度改革方向是完全值得肯定的。

其实，从"非典"危机中卫生部和北京市的主要负责官员被免职，到不久前吉林化工厂爆炸与松花江污染事件中，国家环保总局局长解振华引咎辞职，已经可以看到，行政首长的问责制度，早已在中央层面启动。重庆、深圳等地的改革则显示了地方正在结合各自的具体情况而有序跟进。相信在持之以恒的努力下，我们会看到政府官员在权力与责任关系上的更多进步。

在进一步观察与判断之前,也许应该强调的是,政府官员的责任是对人民的责任。因此,行政首长问责制不应成为只对上级负责的另外一种强化方式。换言之,真正的问责制不是要强化官僚制,而是要强化官员对人民的服务质量与责任心。从这个意义上说,问责制应当成为推动公民政治参与的契机与制度平台。反过来可以说,公民参与的程度,以及在此基础上的政治透明和法治程度,是区分真问责与假问责的试金石。

(选自2005年12月10日《南方都市报》)

生　词

1. 跟进	(动)	gēnjìn	keep pace with
2. 行政首长		xíngzhèng shǒuzhǎng	corregitor
3. 履行	(动)	lǚxíng	perform; fulfill; implement
4. 职责	(名)	zhízé	duty; obligation; responsibility
5. 场合	(名)	chǎnghé	situation; occasion; context
6. 失误	(动)	shīwù	miscarriage
7. 追究	(动)	zhuījiū	look into; find out; investigate
8. 副职	(名)	fùzhí	the position of a deputy to the chief of an office, department, et.
9. 效能	(名)	xiàonéng	efficacy; usefulness; effectiveness; efficiency; efficaciousness

10.	滥用	（动）	lànyòng	abuse; misuse
11.	职权	（名）	zhíquán	powers of office; authority of office
12.	刑事	（名）	xíngshì	penal; criminal
13.	匹配	（动）	pǐpèi	matching
14.	框架	（名）	kuàngjià	frame; case
15.	从容	（形）	cóngróng	calm
16.	底气	（名）	dǐqì	basic strength and confidence
17.	佐证	（名）	zuǒzhèng	evidence; proof
18.	含糊	（形）	hánhu	ambiguous; vague; careless; perfunctory
19.	廉政	（名）	liánzhèng	honest and clean government
20.	郑重	（形）	zhèngzhòng	serious; solemn
21.	承诺	（动）	chéngnuò	promise to undertake
22.	审批	（动）	shěnpī	examine and approve
23.	请示	（动）	qǐngshì	ask (beg) for instructions
24.	查处	（动）	cháchǔ	investigate into an affair and deal with it accordingly
25.	引咎辞职		yǐnjiù cízhí	take the blame and resign
26.	持之以恒		chí zhī yǐ héng	persevere
27.	官僚制	（名）	guānliáozhì	bureaucracy
28.	契机	（名）	qìjī	turning point
29.	试金石	（名）	shìjīnshí	touchstone

# 练 习

一、选择正确答案：

1. 根据深圳市制定的《办法》，将在哪些行为上追究行政首长（含主持工作的副职）的责任？（　　）
   A. 市政府各部门不履行或者不正确履行职责
   B. 行政首长在公众场合的言行与职务身份不相符合而造成重大失误
   C. 行政首长在公众场合的言行与职务身份不相符合而造成不良的社会影响
   D. 包括以上三者

2. 《办法》详细规定了34种应当问责的情形，下列文章未涉及到的是哪一个？（　　）
   A. 滥用职权　　　　　　　　B. 效能低下
   C. 能力平平　　　　　　　　D. 决策失误

3. 下面哪句话是对的？（　　）
   A. 问责制只是要求官员对上级负责
   B. 问责制本质上要求权利服从责任
   C. 问责制要求以制度化的方式明确权力和责任的关系
   D. 所有的国家其制度构成框架中必然包含问责制在内

4. 从哪些方面可以看出中国政府在积极推行首长问责制？（　　）
   A. 重庆、深圳以及其他一些地方的政府推行了问责制并制度化
   B. 温家宝总理接受记者采访时对中国民主政治公开讲话和表态
   C. 政府在执政理念和执政方式上确实有改革的意图和实际努力
   D. 包括以上三者

5. 行政首长问责制的积极意义在于（　　）
   A. 有关部门不必请示，可以立即查处
   B. 强化廉政工作第一责任人的权力
   C. 行政首长要为其权力行使负责任
   D. 不打招呼，不批条子，不推荐队伍

6. 从哪些事可以看出,问责制在中央层面上已经启动?(　　)

　　A. "非典"危机中卫生部和北京市的主要负责官员被免职

　　B. 国家环保总局局长解振华引咎辞职

　　C. 地方政府根据自身情况主动有序地跟进

　　D. 只包括 A 和 B

7. 真正的问责制要强化的是什么?(　　)

　　A. 官员只对上级负责而不对下级负责

　　B. 官员只对自己负责,不对别人负责

　　C. 官员对于人民的服务质量与责任心

　　D. 官员只对下级负责而不对上级负责

8. 区分真问责与假问责的试金石是什么?(　　)

　　A. 公民参与的程度

　　B. 公民参与基础上的政治透明和法治程度

　　C. 对上级负责的一种强化方式

　　D. 包括 A 和 B

二、归纳段意:

1. 根据深圳市制定的这个《办法》,市政府各部门不履行或不正确履行职责,或政府部门行政首长在公众场合的言行与职务身份不相符合造成重大失误或不良社会影响,将追究行政首长(含主持工作的副职)的责任。《办法》中还详细规定了 34 种应当问责的情形,其中包括执行不力、决策失误、效能低下、违法行政、滥用职权等方面。

　　这段话的意思是:＿＿＿＿＿＿＿＿＿＿＿＿＿＿＿＿＿＿＿＿

2. 问责制要求政治官员为其决策负责。这种责任,既包括政治责任,也包括刑事责任。本质上,它是要求权力与责任相匹配,要求以制度化的方式,将权力与责任两者之间的关系明确下来。许多国家的经验都表明,一个按照民主制原则而运行的政府,其制度构成框架中必然包含有问责制在内。

　　这段话的意思是:＿＿＿＿＿＿＿＿＿＿＿＿＿＿＿＿＿＿＿＿

3. 中国国情条件下的政府行政制度中,突出特点是行政首长的权力高度集中,同时,权力行使的覆盖面还极为广泛,权力的界限也非常含糊。以至于曾有一些市长在推行"行政确权"的改革试验中惊讶，自己竟然有如此多的权力可以行使。在这样的情况下，对一把手的监督是公认的制度改革难题。

这段话的意思是：＿＿＿＿＿＿＿＿＿＿＿＿＿＿＿＿＿＿＿＿＿

4. 行政首长问责制的积极意义在于，它重点突出了行政首长要为其权力的行使负责任。这次深圳出台问责制，市长许宗衡强调，"作为市长，我是政府系统加强执行力建设和廉政工作的第一责任人。我郑重承诺：在土地、项目、工程审批等政府重大经济活动上，我不会打一个招呼，不会批一个条子，不会推荐一个队伍，凡是有打着我的旗号办事的，有关部门不必请示，可以立即查处。"这一承诺体现的制度改革方向是完全值得肯定的。

这段话的意思是：＿＿＿＿＿＿＿＿＿＿＿＿＿＿＿＿＿＿＿＿＿

5. 在进一步观察与判断之前，也许应该强调的是，政府官员的责任是对人民的责任。因此，行政首长问责制不应成为只对上级负责的另外一种强化方式。换言之，真正的问责制不是要强化官僚制，而是要强化官员对人民的服务质量与责任心。从这个意义上说，问责制应当成为推动公民政治参与的契机与制度平台。反过来可以说，公民参与的程度，以及在此基础上的政治透明和法治程度，是区分真问责与假问责的试金石。

这段话的意思是：＿＿＿＿＿＿＿＿＿＿＿＿＿＿＿＿＿＿＿＿＿

第四单元 生态与文明

1

北京厕所：让人们方便点，离文明近一些

郭京慧

当今厕所，是民生和环保的大事。北京的公厕随着改革开放的深入发展已历经多次"革命"和不断调整。最近，笔者穿行街头巷尾、商场小区，耳闻目睹之中，"北京的厕所还应该离文明再近一些"成为许多人的愿望。

公厕要最大程度地开放共享

上街找不到厕所怎么办？去商场、饭店几乎是大多数人的选择，有部分年轻人甚至没有或很少使用街面上的公共厕所，而习惯去这些场所方便。据走访，北京市的一些大型饭店、宾馆、商务楼等场所的内置厕所都是对外开放的，其保安和门卫也会较有礼貌地在市民询问后进行指引。北京崇文区哈德门饭店的服务生小南说："饭店内的厕所对公众开放，只要有人问，我们还会帮助指引。"但也有一些经营性场所的内置厕所拒绝对外开放。五十多岁的北京市民王女士就遭遇过被饭店门卫拒绝使用厕所的尴尬。她说："没办法，就得去人家外国人的快餐店，有的地方，找了许久都不知道厕所在哪儿，真是急死人。"

不少人和王女士有着相同的感受。由于怕遭到拒绝，许多市民并未形成去饭店、宾馆、写字楼等场所如厕的意识和习惯；一些外地人由于人生地不熟，也很难想到去这些场所如厕。北京的出租车司机对如厕之难体会最深，有的司机甚至有因为实在憋不住而随地方便的经历，有的司机用"歧视"来形容一些宾馆、饭店门卫的态度。笔者访谈的几位司机都认为，北京现在许多新建的小区也应该有公共厕所，临街的大型单位、市面上的小饭馆，都应该把厕所对外开放，方便大家使用。

给女性更多的"专用空间"

北京公厕里的一个特殊小空间正在被市民所熟悉，小保姆可推着轮椅上的大爷如厕，妈妈们也可带着自己放心不下的半大男孩出入。这种多功能的专用间又叫"第三空间"或"无性别空间"，主要为方便老人、儿童、残疾人如厕设置。专用间里设有呼叫器，使用者需要帮助时可按铃，管理员可听到。北京市市政管理委员会环卫设施处负责人马康丁说，北京近年来新建的厕所都设有专用间。此外，根据女性上厕所时间长、频率高、占用空间大的特点，在新建设的公厕中，遵循了男女蹲（坐）位1∶1到2∶3的比例，旅游景点的厕所还采用男、女厕面积1∶1.5的建设标准。这些设计要求都出自2003年发布的《北京市公共厕所建设地方标准》，这个《标准》除了给女性更多的"专用空间"之外，大到厕所的规划原则，小到各种卫生洁具的空间、比例，都可从中找到详细的文字要求及图例。另外，今年起，已在北京东城区试点成功的蓝底白字、上有中英文、图形标志及指向的厕所导向牌将在全市推广应用，为市民如厕提供更便利的指引。

北京的公厕离国际化大都市的标准还有多远？从硬件来看，目前北京的二类厕所和国际上的基本无太大差别，但在配套设施、服务管理等软件上还是有差距的。

生态环保是最终方向

"高科技、生态和移动厕所将是今后发展的方向。由于水资源的紧缺，发展节约水，不用水的生态厕所成为必须。"北京中保洁环保设备技术开发有限公司董事长周胜利说。该公司生产的塑料袋打包免冲移动厕所，自1998年起已在北京海淀区先后投入使用了170座。这种厕所不用一滴水，一人次一打包，具有避免交叉感染、无外漏、运输成本较低等优点。建一座两个蹲位的移动生态厕所约需10万元，其造价仅是独立式厕所的1/2或1/3。

目前，可应用于建设生态厕所的技术还有泡沫封堵、干式微生物堆肥、微生物循环水、化学循环水等。马康丁介绍，去年北京市修建应用泡沫封堵技术的厕所180多座，此项技术在水冲方面进行了改革，使次冲水量从原来的3升降到了0.1～0.13升，实现了用水少、排污少，建厕条件也相对宽松了。

北京市今年还将建大量节约型厕所，积极推广泡沫节水、免水冲小便器、中水再利用、生物除臭等技术的应用。

人文、生态、节约已成为北京公厕建设和管理所坚持的理念。北京今年将要求各地区上报厕所的GPS定位坐标，从而清楚地了解每座厕所的状况，为公厕的规划管理及市民如厕提供更多的便捷。

（选自2006年5月16日《光明日报》）

生　　词

1. 方便	（形、动）	fāngbiàn	convenience; go to the lavatory
2. 民生	（名）	mínshēng	the people' livelihood
3. 公厕	（名）	gōngcè	public toilets
4. 历经	（动）	lìjīng	have gone through a lof of
5. 穿行	（动）	chuānxíng	pass throungh
6. 街头巷尾		jiē tóu xiàng wěi	street
7. 耳闻目睹		ěr wén mù dǔ	what one sees and hears
8. 宾馆	（名）	bīnguǎn	hotel
9. 商务楼	（名）	shāngwùlóu	building for commerce

10. 内置	（动）	nèizhì	stall for domestic use
11. 门卫	（名）	ménwèi	entrance of an aristocrat
12. 如厕	（动）	rúcè	go to the lavatory
13. 憋	（动）	biē	hold back
14. 呼叫	（动）	hūjiào	call; call out
15. 蹲位	（名）	dūnwèi	place of squat on the heels (in lady's room and gentalman's room)
16. 洁具	（名）	jiéjù	sanitary ware
17. 图例	（名）	túlì	cutline
18. 免冲		miǎn chōng	non-washing
19. 交叉感染		jiāochā gǎnrǎn	cross infection
20. 外漏	（动）	wàilòu	seep; leave out

练 习

一、判断正误：

1. 如今的厕所，人们把它看成是有关民生和环保的大事情。（　　）
2. 在北京要求厕所离自己再近一些成了许多人的愿望。（　　）
3. 据走访获悉，北京市的一些大型饭店、宾馆、商务楼等场所的内置厕所都实行对外开放，只有少数经营性场所的内置厕所拒绝对外开放。（　　）
4. 作者访谈的几位司机都认为，北京现在许多新建的小区应该有公共厕所，而且，临街的大型单位、市面上的小饭馆，都应该让厕所对

外开放，方便大家使用。（　　）

5. 北京公厕里的一个特殊小空间主要是为方便老人、儿童、残疾人如厕而设置的，这种多功能的专用间又叫"第三空间"或"无性别空间"。（　　）

6. 无论从硬件还是软件上来看，北京的公厕离国际化大都市的标准已经不太远了。（　　）

7. 高科技、生态和移动厕所将是今后发展的方向，而且节水的生态厕所将成为必然。（　　）

8. 采用泡沫封堵技术的厕所，用水少、排污少，建厕条件也相对宽松。（　　）

9. 北京在公厕建设和管理上坚持人文、生态、节约的理念。（　　）

10. 为公厕的规划管理及为市民如厕提供更多的便捷，北京今年将要求各地区厕所安装上GPS定位系统。（　　）

二、回答问题：

1. 在北京，为什么许多市民没有形成去饭店、宾馆、写字楼等场所如厕的意识和习惯？

2. 笔者访谈的几位司机对北京现在许多新建的小区、临街的大型单位、市面上的小饭馆设置厕所的问题有什么建议？

3. 北京公厕里的一个特殊小空间为什么又叫"第三空间"或"无性别空间"？它是为什么人服务的？

4. 目前北京的生态厕所建设，已经或将要使用哪些新的科技？

5. 文章认为，北京的厕所应该怎么做才能让人们觉得更方便、更文明？

给风景名胜放个长假

沈 峰

近日有媒体报道，为确保游客旅游安全，恢复野生植物生态环境，神农架国家级自然保护区12月19日开始在主要道口设置冬季休游标志，禁止游人入内。这是神农架1992年对游人开放以来，首次实行"冬禁"，暂停旅游接待。

风景名胜"休游"，让人自然联想起休渔制度。每年伏季，各地临近的海域都会实行休渔制度。目的只有一个，就是让海洋鱼类有生息繁衍的时间，避免"断子绝孙"的结局。"休游"也是如此，风景名胜实行休游，不仅可缓解保护压力，也有利于动植物的休养生息，有利于景区旅游设施的维护。

游客过量对旅游资源造成不利影响不容忽视。以九寨沟为例，近年来，九寨沟风景区有些瀑布消失，海子不断干涸，部分森林被伐，沟内垃圾无法及时清理、外运，究其原因，是容量有限的九寨沟超负荷接待游客所致。有专家忧心：照此下去，我们将失去九寨沟。

旅游资源遭破坏，表面上看是旅游景点容纳、接待过量游客所致，实际是利益作祟。一些地方不经科学论证，在治污、垃圾治理、林木管理等方面条件不成熟时，便仓促开发旅游资源，走上了粗放管理、污染环境的老路。旅游业有其负面影响，游客一多，给当地环境压力就加大。别的不说，单是治理产生的垃圾就令人头疼。据报道，珠穆朗玛峰下每次清理游客留下的垃圾都数以吨计，看来圣山雪域也难逃被玷污的命运。

现实是残酷的，以破坏自然生态环境为代价来换取旅游开发的经济利益，无异于竭泽而渔。目前，越来越多的人已经意识到问题的严重性，认识到对大自然的疯狂掠夺将会给人类造成多么大的危害。据报道，为了保护生态和生物的多样性，黄山、九寨沟、敦煌莫高窟、山西悬空寺等一些知名风景区目前已实行了景点控制游客量和轮休制。

虽然风景区的"轮休"肯定会使当地在经济上遭受到一定的损失，但从旅游业的可持续发展角度来看，还是值得的。神农架"休游"值得推崇，也值得借鉴：让那些处于"疲劳"状态的景点休息一下，也给它们放个长假。

（选自2005年12月27日《人民日报·海外版》）

生　词

1. 风景名胜		fēngjǐng míngshèng	interesting places
2. 游客	（名）	yóukè	visitor to park, etc.; tourist
3. 道口	（名）	dàokǒu	crossing; road junction
4. 设置	（动）	shèzhì	set up; install; emplace
5. 休游	（动）	xiūyóu	travelling-off season
6. 休渔	（动）	xiūyú	fishing-off season
7. 海域	（名）	hǎiyù	sea area; maritime space
8. 海洋	（名）	hǎiyáng	ocean
9. 鱼类	（名）	yúlèi	fish
10. 生息繁衍		shēngxī fányǎn	live and propagate
11. 断子绝孙		duàn zǐ jué sūn	May you have no male heir! may you be the last of your line; may you die without offspring

12. 结局	（名）	jiéjú	issue; end; outcome; final result
13. 动植物	（名）	dòngzhíwù	propagation
14. 休养生息		xiūyǎng shēngxī	(of a nation) recuperate and multiply; rest andbuild up strength; rehabilitate; rehabilitate
15. 忽视	（动）	hūshì	neglect; ignore; pay no regard to; fail to recognize
16. 瀑布	（名）	pùbù	waterfall
17. 海子	（名）	hǎizi	lake
18. 干涸	（动）	gānhé	run dry; dry up
19. 伐	（动）	fá	fell (trees)
20. 负荷	（名）	fùhè	load; panier
21. 景点	（名）	jǐngdiǎn	sight spot
22. 容纳	（动）	róngnà	have a capacity of
23. 作祟	（动）	zuòsuì	make mischief; cause trouble
24. 仓促	（形）	cāngcù	hastily; hurriedly; in a hurry
25. 圣山	（名）	shèngshān	saint moutain
26. 雪域	（名）	xuěyù	snow moutain
27. 玷污	（动）	diànwū	stain; sully; tarnish; smear; blamish
28. 残酷	（形）	cánkù	atrocious; cruel; ruthless

29. 竭泽而渔		jié zé ér yú	drain the pond to get all the fish
30. 掠夺	（动）	lüèduó	plunder; rob; loot; pilfer; pillage
31. 轮休	（动）	lúnxiū	have holidays by turns; rotate the holidays; rotate doys off
32. 借鉴	（动）	jièjiàn	benefit from sth.; draw lessons from certain experiences; use for reference

专　名

1. 神农架国家级自然保护区	Shénnóngjià Guójiājí Zìrán Bǎohùqū	the State Shennongjia Nature Reserve
2. 九寨沟风景区	Jiǔzhàigōu Fēngjǐngqū	Jiuzhaigou Valley (scenery district)
3. 黄山	Huáng Shān	Mount Huangshan
4. 敦煌莫高窟	Dūnhuáng Mògāokū	Dunhuang Mogao Grotto
5. 山西悬空寺	Shānxī Xuánkōngsì	Hanging Temple of Shanxi

练　习

一、选择正确答案：
　　1. 神农架国家级自然保护区实行"冬禁"，停止接待游客，原因是（　　）
　　　　A. 确保游客的旅游安全　　　B. 恢复野生动植物的生态环境
　　　　C. 进行内部整顿　　　　　　D. 只包括 A 和 B

2. 以下是对风景名胜实行"休游"带来的好处,其中不正确的一项是(　　)
   A. 有利于鱼类的生息繁衍
   B. 有利于缓解保护压力
   C. 有利于动植物的休养生息
   D. 有利于景区旅游设施的保护
3. 近年来九寨沟风景区部分旅游资源遭到破坏,其原因是(　　)
   A. 气候变化   B. 环境改变
   C. 游客过量   D. 游客破坏
4. 旅游资源遭到破坏的深层原因是(　　)
   A. 旅游景点容纳、接待过量游客
   B. 过分追求经济利益,仓促开发,粗放管理
   C. 部分游客的不文明的行为
   D. 无法抗拒的自然灾害

二、判断正误:

1. 神农架国家级自然保护区于1992年就开始实行"冬禁"并停止接待游客了。(　　)
2. 风景名胜的"休游"同已经实行的海域休渔制度,其目的和性质是不一样的。(　　)
3. 风景名胜的"休游"不仅可以缓解保护的压力,维护景区的旅游设施,还有利于动植物的休养生息。(　　)
4. 作者认为,游客过量对旅游资源带来的破环是不能视而不见的。(　　)
5. 作者以九寨沟风景区发生的变化来证明旅游景点游客接待过量是造成旅游资源破环的重要原因。(　　)
6. 发展旅游业虽然有好处,但也会产生负面影响。(　　)
7. 粗放式管理是旅游资源产生灾难的重要原因。(　　)
8. 以破坏自然生态环境为代价来换取旅游开发的经济利益,会带来灾难性的后果。(　　)

三、回答问题：

1. 神农架国家级自然保护区为什么要实行"冬禁"？
2. 以九寨沟风景区为例说明游客过量会带来什么不利影响。
3. 作者认为旅游资源遭到破环的真正原因是什么？为什么？
4. 在旅游开发问题上，越来越多的人认识到什么问题的严重性？应该如何做才能避免出现这种问题？
5. 风景区的"休游"只有利而没有弊吗？

第五单元 保护文化遗产

1

中国保护世界遗产走过 20 年

叶晓楠

22 日上午，在中国加入联合国教科文组织《保护世界文化和自然遗产公约》20 周年之际，侯仁之、阳含熙、郑孝燮和罗哲文 4 位老政协委员获授政协会徽纪念牌，他们长期致力于世界遗产保护的功绩得到了高度评价。20 年来，在政府、专家和广大民众的不懈努力下，中国世界遗产保护取得了巨大成就——

■ 一份提案：中国世遗升至世界第三

今年是中国加入联合国教科文组织《保护世界文化和自然遗产公约》20 周年。20 年间，中国的世界遗产数由 0 发展到 31 个，位居世界第三位。

目前，中国已有的 31 项世界遗产，涵盖了文化、自然、文化与自然双重、文化景观等世界遗产名录中的全部种类。此外，还有包括昆曲、古琴以及最近公布的新疆维吾尔族木卡姆艺术和蒙古族长调民歌在内的 4 项"人类口头和非物质遗产代表作"，中国成为当之无愧的遗产大国。

谈到中国世界遗产保护工作的肇始，4位政协委员的名字不能不被提到：中科院院士、北京大学著名历史地理学家侯仁之，中科院院士、生物学家阳含熙，国家历史文化名城保护专家委员会副主任郑孝燮和国家文物局古建专家组组长罗哲文。

22日，在由全国政协文史和学习委员会、中国联合国教科文组织全国委员会、建设部、国家文物局和人民政协报社联合举办的"中国保护世界遗产走过20年"纪念座谈会上，与会者深情回顾了中国保护世界遗产的历史。

1985年，正值中国改革开放和社会主义现代化建设开始向新的纵深发展，文化和自然遗产保护事业也面临着如何与国际社会接轨的问题。那年，由侯仁之委员起草，侯仁之、阳含熙、郑孝燮和罗哲文4位全国政协委员联名向六届政协三次会议提交了《我国应尽早参加联合国教科文组织〈保护世界文化和自然遗产公约〉，并积极争取参加"世界遗产委员会"，以利于我国重大文化和自然遗产的保存和保护》的提案。正是在这份提案的推动下，同年12月，全国人大常委会批准了中国加入这一公约，中国成为世界遗产公约缔约国，从而开启了中国和国际社会一道保护人类共同遗产的历程。

■ 20载发展：世遗保护留下中国印记

20年来，中国的遗产保护事业在理论和实践上逐渐与国际接轨，专家队伍成熟壮大，保护手段和设施不断改进。建设部城市建设司副司长王凤武介绍说，世界遗产专家对中国世界遗产管理模式的创新给予了高度评价，如黄山的保护经验，曾被世界遗产委员会评价为："有许多做法都是实际工作中的创举，应推广到全世界其他遗产地学习和借鉴。"2003年，中国基本完成了对世界遗产所在的风景名胜区监管信息系统的建设，使世界遗产资源的监管走上了信息化道路。

在遗产保护理念方面，中国与国际社会实现了充分的交流与融合，在世界遗产的申报和监测过程中，逐渐沟通了世界遗产保护与管理的国际通行准则。同时，结合本国文化遗产保护的特点和传统，中国与国际同行合作，制定了在国际范围内有重大影响和参考价值的《中国文物古迹保护准则》。

2004年，第28届世界遗产委员会会议在苏州举行，彰显了中国在重要国际事务中的地位和贡献。

今年10月，在西安举行的国际古迹遗址理事会第15届大会通过了全面保护文化遗产及其环境的《西安宣言》，再一次在人类文化遗产保护的历史上留下了中国的印记。"通过世界遗产保护工作，中国在全世界正发挥着文化遗产大国的积极影响和建设性作用。"国家文物局副局长童明康说。

■ 面对问题：世遗保护仍然任重道远

然而，中国的世界遗产保护与管理还面临许多问题，与会专家对此也提出了批评和建议。全国政协副主席周铁农指出，要充分认识到保护管理好世界遗产的重要性和紧迫性，坚持在保护的基础上进行科学、适度的利用，处理好长远利益与眼前利益、开发建设与资源保护、发展旅游与维护生态的关系，保持资源的可持续发展。

阳含熙建议，要充分利用各种媒体，普及世界遗产保护的知识和理念，引导、帮助民众参与世界遗产保护工作，形成政府、非政府组织乃至全社会每个人都关心、爱护并参与遗产保护的局面。

此外，中国文物学会名誉会长谢辰生特别提出，在正在开展的小城镇建设过程中，对乡村文化遗产的保护要引起高度重视，建议纳入各地的小城镇发展规划和战略。

童明康还透露，中国将加快建立世界文化遗产管理动态信息系统和预警系统，建立世界文化遗产监测巡视制度，开展经常性的监督检查工作。此外，成立世界文化遗产专业委员会，建立有效的专业咨询制度，都将是近期工作的重点。

（选自2005年12月23日《人民日报·海外版》）

生　　词

| 1. 公约 | （名） | gōngyuē | pact; convention |
| 2. 提案 | （名） | tí'àn | draft resolution; motion; proposal |

3. 涵盖	（动）	hángài	cover；contain
4. 种类	（名）	zhǒnglèi	kind；sort；type
5. 古琴	（名）	gǔqín	acient stringed instrument
6. 民歌	（名）	míngē	ballad；folk song
7. 口头	（名）	kǒutóu	oral；verbal
8. 当之无愧		dā zhī wú kuì	be worthy of；deserve the reward；fully deserve
9. 肇始	（动）	zhàoshǐ	inchoation
10. 院士	（名）	yuànshì	academician
11. 生物学家		shēngwù xuéjiā	biologist
12. 古建	（名）	gǔjiàn	ancient building
13. 回顾	（动）	huígù	look back；recollect；book into the past
14. 纵深	（名）	zòngshēn	depth
15. 接轨	（动）	jiēguǐ	be in line with；be in agreement with
16. 起草	（动）	qǐcǎo	draft；draw up
17. 联名	（动）	liánmíng	jointly signed；jointly
18. 批准	（动）	pīzhǔn	authorize；ratify；approve
19. 缔约国	（名）	dìyuēguó	signatory（state）to a treaty；party to a treaty
20. 开启	（动）	kāiqǐ	pen；initiate
21. 模式	（名）	móshì	pattern；design
22. 创新	（动）	chuàngxīn	bring forth new ideas

23. 评价	（动）	píngjià	appraise; evaluate; assess
24. 推广	（动）	tuīguǎng	popularize; spread; extend
25. 信息化	（动）	xìnxīhuà	informationization
26. 融合	（动）	rónghé	fusion
27. 申报	（动）	shēnbào	report to a higher body
28. 沟通	（动）	gōutōng	communicate
29. 通行	（动）	tōngxíng	current; general
30. 准则	（名）	zhǔnzé	norm; standard; criterion
31. 传统	（名）	chuántǒng	tradition
32. 参考	（动）	cānkǎo	consult
33. 古迹	（名）	gǔjì	places of historic interests
34. 彰显	（动）	zhāngxiǎn	show
35. 遗址	（名）	yízhǐ	ruins; relics
36. 媒体	（名）	méitǐ	medium; carrier
37. 普及	（动）	pǔjí	popularize; disseminate
38. 民众	（名）	mínzhòng	mass; common people; the populace
39. 战略	（名）	zhànlüè	strategy
40. 动态	（名）	dòngtài	dynamics; development
41. 预警	（动）	yùjǐng	early-warning
42. 监测	（动）	jiāncè	monitor
43. 巡视	（动）	xúnshì	make an inspection tour; go around and inspect

专 名

| 木卡姆 | mùkǎmǔ | mukan, a comprenensive art with music, dance and songs, popular in Xinjiang |

练 习

一、根据课文内容填空：

1. 中国的世界遗产数由_____个发展到_____个，位居世界第_____位。

2. 目前，中国已经有_____项世界遗产，涵盖了_____、_____、_____、_____等全部种类。此外，还有包括_____、_____以及新疆_____和蒙古族_____在内的_____项人类_____和_____代表作。

3. 在谈到中国世界遗产保护工作的肇始，有四个人的名字不能不被提到，他们是_____、_____、_____和_____。

4. 1985年12月全国人大常委会批准了_____，中国成为_____，从而开启了_____的历程。

5. 中国的世界遗产保护与管理还面临着许多问题。全国政协副主席周铁农指出，世界遗产保护要处理好三个关系，它们是_____；_____；_____。

6. 中国文物协会名誉会长谢辰生特别提出，对_____的保护要引起高度重视，并建议纳入_____规划和战略。

二、归纳段意：

1. 目前，中国已有的31项世界遗产，涵盖了文化、自然、文化与自然双重、文化景观等世界遗产名录中的全部种类。此外，还有包括昆曲、古琴以及最近公布的新疆维吾尔族木卡姆艺术和蒙古族长调民歌在内的4项"人类口头和非物质遗产代表作"，中国成为当之无愧的遗产大国。

    这段话的意思是：＿＿＿＿＿＿＿＿＿＿＿＿

2. 谈到中国世界遗产保护工作的肇始，4位政协委员的名字不能不被提到：中科院院士、北京大学著名历史地理学家侯仁之，中科院院士、生物学家阳含熙，国家历史文化名城保护专家委员会副主任郑孝燮和国家文物局古建专家组组长罗哲文。

    这段话的意思是：＿＿＿＿＿＿＿＿＿＿＿＿

3. 20年来，中国的遗产保护事业在理论和实践上逐渐与国际接轨，专家队伍成熟壮大，保护手段和设施不断改进。建设部城市建设司副司长王凤武介绍说，世界遗产专家对中国世界遗产管理模式的创新给予了高度评价，如黄山的保护经验，曾被世界遗产委员会评价为："有许多做法都是实际工作中的创举，应推广到全世界其他遗产地学习和借鉴。"2003年，中国基本完成了对世界遗产所在的风景名胜区监管信息系统的建设，使世界遗产资源的监管走上了信息化道路。

    这段话的意思是：＿＿＿＿＿＿＿＿＿＿＿＿

4. 然而，中国的世界遗产保护与管理还面临许多问题，与会专家对此也提出了批评和建议。全国政协副主席周铁农指出，要充分认识到保护管理好世界遗产的重要性和紧迫性，坚持在保护的基础上进行科学、适度的利用，处理好长远利益与眼前利益、开发建设与资源保护、发展旅游与维护生态的关系，保持资源的可持续发展。

    这段话的意思是：＿＿＿＿＿＿＿＿＿＿＿＿

当孩子们"遭遇"洋文化

三四千个汉字，二三十个明星偶像，几首流行歌曲和几本武侠小说，几乎成了许多中国青少年"精神库藏"的全部。吃着肯德基、麦当劳、喝着可口可乐、看着《哈利·波特》长大的中国年轻一代，你们还有自己的文化性格吗？据3月13日中新社报道，"不能让中国新生代姓'西'"。今年"两会"期间，这样的呼声更响了，为此奔波的代表委员更多了。

国学及文化复古之声近年日盛，自有一番焦虑与真诚在内，也更是一种自觉的身份认同意识。但是在传统文化之外，如何认识外来文化的问题，推而言之，则是如何看待传统文化与外来文化融合的问题。

外国文化不是洪水猛兽，外国的文化性格也产生了无数个对人类文明有着重大贡献的人物。更重要的是，仅仅是肯德基或《哈利·波特》并不全然代表外国文化。而对于中国新生代来说，如果去掉他们心目中的明星偶像、流行歌曲和武侠小说，不再吃着肯德基、麦当劳，也不再喝着可口可乐，也不再看着《哈利·波特》，是不是就一定符合我们关于中国人的文化性格定位呢？

这是一个日趋多元化的时代，各种价值观、各种文化形态以及各种各样的信息，都在改变着我们身边所有的人。随之而来的，这样的现实格局也必将影响着我们的文化性格。我们不再像一百年前的中国人那样闭关自守，妄自尊大，我们开始具有了睁眼看世界的能力，我们变得开放而包容，积极正是一个文化多元时代应有的文化性格，也正是不同于以往那种文化性格之所在。

传统文化当然是不能丢弃的，但传统文化的生命力必然决定于它能否与现代文化、现代文明相互交融。我总以为，面对一个日益开放的大世界，我们恰恰需要丢弃的是传统文化中以封闭、内敛以及小富即安等为特质的民族性格。

我们面对的问题,不是如何一股脑儿地回到传统文化中去,这本身就忽视了文化应有的发展性。因此我们真正要面对的,是如何将传统文化与现代文化意识相融合,培养一种真正具有这个时代特征的文化性格。

文化的生命力在于它的与时俱进性,无此,难以代表最先进的生产力。因此文化本身就包含了一种"化"的能力,化干戈为玉帛,化腐朽为神奇,化人为我,化外为内,化西为中。所以对于焦虑于姓"西"现象的人而言,换言之,对于中国未来文化性格的养成而言,真正重要的是我们如何在一种开放、包容的胸襟之下,建立一种"化"的机制,这种"化"是一种拿来,但更有一种扬弃。如果没有这一点,一味复古,我想既不可能阻挡外来文化的进入,也不利于现代文化意识的生长。在我看来,这样的一种争论需要统一到发展上去。

(选自2006年3月14日《北京青年报》)

生 词

1. 明星	(名)	míngxīng	star
2. 偶像	(名)	ǒuxiàng	idol
3. 流行歌曲		liúxíng gēqǔ	ballad; popular song
4. 武侠	(名)	wǔxiá	a person adept in martial arts and given to chivalrous conduct
5. 库藏	(名)	kùcáng	repertory; storage
6. 奔波	(动)	bēnbō	rush about
7. 国学	(名)	guóxué	theory and doctrine in china

8. 复古	（动）	fùgǔ	return to the acients
9. 洪水猛兽		hóngshuǐ měngshòu	fierce floods and savage beasts-great scourges
10. 格局	（名）	géjú	state of affairs; situation
11. 闭关自守		bìguān zìshǒu	close the country to international intercourse
12. 妄自尊大		wàngzì zūndà	have too high an opinion of oneself
13. 丢弃	（动）	diūqì	abandon; discard
14. 封闭	（形）	fēngbì	seal
15. 内敛	（形）	nèiliǎn	conservetive
16. 小富即安		xiǎo fù jí ān	(on person) don't continue to make the progress with a little well to do life
17. 特质	（名）	tèzhì	special characteristics
18. 一股脑儿	（副）	yìgǔnǎor	completely; root and branch
19. 与时俱进		yǔ shí jù jìn	keep pace with the times
20. 干戈	（名）	gāngē	arms; war; weapons of war
21. 玉帛	（名）	yùbó	jade objects and silk fabrics used as state gifts
22. 腐朽	（形）	fǔxiǔ	molder; decadent; degenerate
23. 神奇	（形）	shénqí	magic; miraculous; supernatura
24. 胸襟	（名）	xiōngjīn	mind

| 25. 阻挡 | （动） | zǔdǎng | stop; block; resist |

专　名

1. 肯德基	Kěndéjī	Kentucky Fried Chicken (KFC)
2. 麦当劳	Màidāngláo	McDonald's
3. 可口可乐	Kěkǒu Kělè	Coca-Cola
4. 哈利·波特	Hālì Bōtè	Harry Porter, *name of a person*

练　习

一、判断正误：

1. 有人提出：受西方物质文化影响长大的中国年轻一代，已经失去了自己的文化性格，对这种观点作者表示赞同。（　　）
2. 在今年"两会"期间，阻止中国新生代姓"西"的呼声更响了，为此奔波的代表委员也更多了。（　　）
3. 作者认为，尽管国学及文化复古之声一年比一年强烈，但是如何看待传统文化与外来文化融合才是认识传统文化的关键。（　　）
4. 外国的文化性格同样也产生过对人类文明有重大贡献的人物，但肯德基或《哈利·波特》却完全不能代表西方文化。（　　）
5. 中国新一代只有去掉心目中的明星偶像、流行歌曲和武侠小说，放弃西方生活方式才符合中国人的文化性格定位。（　　）
6. 日趋多元的时代，各种价值观、各种文化形态以及各种各样的信息必然影响我们，而我们不再是过去的那种文化性格了。（　　）

7. 传统文化如果不能与现代文化、现代文明相互交融,那么它的生命力就停止了。(   )
8. 作者认为,在一个日益开放的大世界面前,我们需要丢弃的是民族性格而不是传统文化。(   )
9. 对于焦虑于姓"西"现象的人而言,中国未来文化性格的养成在于我们在一种开放、包容的胸襟之下,能不能建立一种既能拿来,更能扬弃的"化"的机制。(   )
10. 一味复古,既不可能阻挡外来文化的进入,也不利于现代文化意识的生长。(   )

二、回答问题:

1. 对于中国新生代来说,如果去掉他们心目中的明星偶像、流行歌曲和武侠小说,不再吃着肯德基、麦当劳,也不再喝着可口可乐,也不再看着《哈利·波特》,是不是就一定符合我们关于中国人的文化性格定位呢?为什么?
2. 在一个文化多元的时代里,我们应有的文化性格是什么?
3. 传统文化和现代文化、现代文明是什么关系?
4. 如何培养一种真正具有时代特征的文化性格?

非物质文化遗产保护仅有热闹是不够的

甘 丹

"首届非物质文化遗产保护成果展"在国家博物馆开幕,因为票价的低廉,国博出现了难得一见的拥挤。观众从老到小,把国博的两个大厅围了一个水泄不通。观众七嘴八舌评论着这些来自全国各地的展品,叫好声此起彼伏,现场民间艺人的表演更是吸引无数观众的目光。

本以为这些来参观的观众都应该对非物质文化遗产有一定的了解,但在随后的采访中却发现,不少观众竟然对什么是非物质文化遗产完全不知情。这一发现让我想到了下面的场景:一个会表演提线木偶的艺人,到京城来表演自己的绝活。他的高超技术吸引了无数路人的围观。表演过后,当艺人准备向围观者索要银子时,围观者一哄而散……这种场景肯定经常出现在老北京城的前门或者天桥附近。艺人靠表演为生,围观者仅仅看看热闹。

好像突然之间,"非物质文化遗产"成了高雅名词。并且它们竟然还有机会在国家级的博物馆里进行展出。从政府到专家无不对这些技术、工艺、戏曲大加赞叹,并且号召全民进行保护。可遗憾的是,这些表演者和他们所创造的文化进入了博物馆,参观者还停留在街边的某一处,他们对于这些所谓"非物质文化遗产"的理解还依然停留在看热闹上。

"非物质文化遗产"到底是什么?它的价值到底在哪里?能有多少人能够把它解释得清晰明了?国博展出的展品大部分都是实物,然而,非物质文化遗产所重视的却恰恰是这些实物背后的东西。比如剪纸的技术、乐器演奏的乐曲、舞蹈、戏曲。它们大多都是无形的,是不可展出的。

而其无形性和易逝

性也就正是其价值所值。这几年国家越来越重视"非物质文化遗产",加入联合国《保护非物质文化遗产公约》,古琴、昆曲、新疆木卡姆艺术以及蒙古族长调列入"人类口头和非物质文化遗产"。

从展览来看,观众反应与政府行为都有看热闹之嫌,最基本的环节比较薄弱:普及非物质文化遗产的概念和价值。展览的举办虽然能够从某些方面促进普通人对"非物质文化遗产"的了解,但我认为大部分人对这一问题还处于迷茫状态。

而过度的旅游开发则恰恰是目前很多专家提到的非物质文化遗产保护中面临的最大问题,地方政府积极推动遗产保护,最大动机往往是为了推动当地旅游业发展,促进 GDP 上升。这种轰轰烈烈的遗产保护运动,如果流于表面,连基本的普及性问题都处理不好,保护的效果也会打折扣。

（选自2006年2月17日《新京报》）

生　词

1. 低廉	（形）	dīlián	low and cheap
2. 国博	（名）	guóbó	the National Museum
3. 拥挤	（形、动）	yōngjǐ	crowd; push and squeeze
4. 水泄不通		shuǐ xiè bù tōng	be so jammed as to be impassable; be watertight that not even a drop of water could trickle through
5. 七嘴八舌		qī zuǐ bā shé	like a talkshot; gabble
6. 展品	（名）	zhǎnpǐn	exhibits; item on display
7. 此起彼伏		cǐ qǐ bǐ fú	rise one after another
8. 现场	（名）	xiànchǎng	site scene of an accident

9. 民间艺人		mínjiān yìrén	folk actor or entertainer
10. 场景	（名）	chǎngjǐng	conditions; circumstances
11. 木偶	（名）	mù'ǒu	puppet; carved figure; woodenimage
12. 绝活	（名）	juéhuó	one's best skill
13. 路人	（名）	lùrén	passer-by
14. 围观	（动）	wéiguān	surround to watch
15. 索要	（动）	suǒyào	ask for
16. 银子	（名）	yínzi	silver
17. 一哄而散		yì hōng ér sàn	break up a hubbub
18. 高雅	（形）	gāoyǎ	elegant
19. 工艺	（名）	gōngyì	technology
20. 戏曲	（名）	xìqǔ	traditional opera
21. 大加赞叹		dàjiā zàntàn	praise
22. 遗憾	（动）	yíhàn	regret; sorrow over; be sorry; deplore
23. 街边	（名）	jiēbiān	by the street
24. 清晰明了		qīngxī míngliǎo	obviously
25. 实物	（名）	shíwù	practicality; material object
26. 剪纸	（动、名）	jiǎnzhǐ	paper-cut
27. 迷茫	（形）	mímáng	cnfused

练 习

一、选择正确答案：

1. "首届非物质文化遗产保护成果展"在国家博物馆出现难得一见的拥挤，这是因为（　　）

   A. 来自全国各地的展品吸引观众

   B. 票价低廉

   C. 现场民间艺人的表演特别吸引观众

   D. 只包括 A 和 B

2. 作者发现，观众对于什么是非物质文化遗产（　　）

   A. 都有一定的了解　　　　B. 都了解得非常清楚

   C. 少数人完全不了解　　　D. 很多人完全不了解

3. 参观者对非物质文化遗产的理解处在什么程度上？（　　）

   A. 看看热闹　　　　　　　B. 十分高雅

   C. 大加赞叹　　　　　　　D. 不太清楚

4. 非物质文化遗产的最重要的特点是（　　）

   A. 大多都是有形的，不可展出的

   B. 大多都是有形的，可以展出的

   C. 大多都是无形的，可以展出的

   D. 大多都是无形的，不可展出的

5. 作者认为，观众的反应和政府的行为在最基本的环节上比较薄弱。这里"最基本的环节"指的是（　　）

   A. 促进普通人对"非物质文化遗产"的了解

   B. 普及非物质文化遗产的概念和价值

   C. 地方政府积极推动遗产保护

   D. 推动当地旅游业的发展

6. 目前很多专家提到的非物质文化遗产保护面临的最大问题是（　　）
  A. 轰轰烈烈的遗产保护运动　　B. 遗产保护运动只流于表面
  C. 过度的旅游开发　　D. 基本的普及性问题

二、回答问题：

1. 作者如何看待参观者对"非物质文化遗产"的理解？
2. 非物质文化遗产所重视的是什么？
3. 非物质文化遗产的价值是什么？
4. 非物质文化遗产保护面临的最大问题是什么？

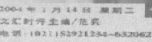

第六单元 春节文化

外国人乐过中国年

王金海　褚婷婷　周建琳

农历春节紧接新年元旦而至。刚刚回国度假归来的外国朋友们还沉浸在新年的喜悦中，民俗味浓郁、热闹喜庆的中国年又把他们的兴奋点推至最高———

上海：老外放鞭炮看花灯

在国际化大都市上海，众多的外籍人士从除夕夜开始，就加入了中国人的"过年"热潮中，吃年夜饭、放鞭炮、看花灯，过起了快乐中国年。"古时传说'年'是一凶兽，人们以鞭炮驱赶它、祈求平安。"来自美国的丹尼一提起中国春节放爆竹的习俗，十分在行地向他的朋友介绍起来。来上海工作已有两年的他，供职于一家香港企业。除夕夜，丹尼和他的朋友们相约在茂名路的一家酒吧吃年夜饭、守岁。他说，自己对中国新年的了解都是中文老师传授的，正是因为知道了其中的典故，觉得中国年更有意义了。除夕夜，七八位同来自美国的朋友买了数百元爆竹、烟花，年夜饭刚吃完，便迫不及待地到酒吧门前放起爆竹，一直到凌晨，他们才在消退的鞭炮声中离去。

同样沉浸于爆竹带来的欢乐的还有来自德国的多米尼克。刚

71

来上海工作两个多月的他,第一次在中国过新年格外兴奋。"尽管初来中国,对中餐还不是很适应,为此除夕夜仍选择西餐作为年夜饭,但我们都很'地道'地放爆竹迎接中国新年。"多米尼克谈起放爆竹就喜不自禁。他说,在德国节庆日也放烟花爆竹,但由于价格昂贵,一般只是少数人放,传出的鞭炮声也是零零星星,当他和朋友们看到街上中国人铺天盖地地放起鞭炮时,也按捺不住兴奋,跑到街上采购了大量爆竹,加入到放爆竹的大军中。"我从来没有如此尽兴地放过爆竹,这次在上海过年真是让我过瘾。"多米尼克毫不掩饰地这样描述自己的快乐。除了除夕夜放爆竹迎新年,他在中国朋友的指点下,还在年初五凌晨跑到租住公寓的露台上放爆竹接"财神",并学会了一句地道的中国祝福语"恭喜发财"。

"新年放爆竹,感受中国年的热闹、喜庆。"家住近郊的安东尼来自法国,为感受爆竹声声之乐,他们一家在除夕夜还专程驱车夜游申城,从内环到南北高架,边聆听着不绝于耳的鞭炮声,边观赏着被烟花点缀的璀璨夜空,感受着热闹的气氛。

苏州:亲身体验别样风情

古城苏州被海外人士誉为"人间新天堂",在这里的外商投资企业达1万多家,常住苏州的台胞35000多人,还有大批"海归派"和外籍人士。在外资企业比较集中的苏州工业园区和高新技术开发区,许多外商取消回国休假的计划,选择留在苏州过大年,零距离体验姑苏过年的别样风情。

春节期间,中国四大名园之一的苏州拙政园举办了时令精品花卉展,展出特色花卉2000余盆,吸引了众多海外人士。来自美国的勃特勒夫妇开心地说:"我们在园区工作已有5年时间了,但在苏州过大年还是第一次,今天是特地带着孩子们来拙政园看花展的,感觉这里春意正浓。"

"中国第一水乡"周庄的贞丰里和贞固里,是具有明清风格的民居客栈,从除夕夜到元宵节都人满为患,订房的大都是来苏州的台胞和外企的"洋打工",他们白天逛明清老街,参与传统手工艺打铁、制砖、纺纱织布和各种民俗表演活动,晚上和周庄人一起下厨做农家菜,感受真正的江南水乡的年味。从周庄走出去、留学法国的水乡妹子王薇今年携法国男友路易一起回周庄举办水乡的传统婚礼。王薇说,她的法国公公婆婆和小叔都来到周庄参加婚礼,为过年增加了异国的情调。

今年春节,美籍华人艺术家李小白留在了苏州,这是他离国19年后第一次回国过春节。

他在苏州家里烧饭、做菜、打扫庭院,在老母面前尽孝,有时间再画些喜庆的画,与来访的朋友喝茶聊天,过了一个很清淡却很有滋味的春节。

大连:外国专家泼墨写对联

上联"山川异域引智花开贺新春您好您好",下联"日月同天专家欢聚叙友谊OKOK",横批"老外欢度中国年"。2月5日,来自美国、英国、日本、新加坡、乌克兰、印度等11个国家的20多位专家,伴随着喜庆的鞭炮声,在大连香格里拉大饭店3楼多功能厅写下的这副对联,吸引了许多市民前往观看品味。大连是我国第一批对外开放的港口城市,每年吸引大批外国专家,这20多位认真撰写对联的外国专家分别来自大连化物所、大连医科大学、大连西太平洋石化公司等单位,是为大连发展做出了突出贡献的外国专家代表,他们喜爱上了大连良好的创业环境。来自英国的专家劳拉·莫斯莉说:"中国传统新年的年味特别足,我们深深地被这种气氛所感染。"

(选自2006年2月6日《人民日报·海外版》)

生　词

1. 农历	(名)	nónglì	chinese traditional calendar
2. 沉浸	(动)	chénjìn	enmeshed;immerse
3. 喜悦	(形)	xǐyuè	happy;joyous
4. 民俗	(名)	mínsú	folk-custom
5. 浓郁	(形)	nóngyù	strong;rich
6. 喜庆	(形)	xǐqìng	happy event;festival
7. 鞭炮	(名)	biānpào	firecracker

8. 花灯	（名）	huādēng	festive lantern
9. 祈求	（动）	qíqiú	to impetrate
10. 在行	（形）	zàiháng	be expert at
11. 供职	（动）	gòngzhí	serve; hold office
12. 守岁	（动）	shǒusuì	stay up late or all night on New Year's Eve
13. 典故	（名）	diǎngù	literary guotation
14. 迫不及待		pò bù jí dài	unable to hold oneself back
15. 铺天盖地		pū tiān gài dì	blot out the sky and cover up the earth
16. 按捺不住		ànnà bú zhù	cannot control (or contain) one self
17. 过瘾	（形）	guòyǐn	do sth to one's heart's content
18. 掩饰	（动）	yǎnshì	cover up
19. 聆听	（动）	língtīng	listen respectfully
20. 不绝于耳		bù jué yú ěr	still be heard
21. 观赏	（动）	guānshǎng	view and admire
22. 点缀	（动）	diǎnzhuì	intersperse; sprinkle
23. 璀璨	（形）	cuǐcàn	bright; resplendent
24. 誉为	（动）	yùwéi	name after
25. 台胞	（名）	táibāo	Taiwannese compatriots
26. 海归派	（名）	hǎiguīpài	returnedoverseas Chinese students of scholars
27. 时令	（名）	shílìng	season
28. 精品	（名）	jīngpǐn	elaborate works
29. 花卉	（名）	huāhuì	flower
30. 客栈	（名）	kèzhàn	inn; hotel
31. 人满为患		rén mǎn wéi huàn	overcrowded with people

32. 外企	（名）	wàiqǐ	foreign enterprise
33. 对联	（名）	duìlián	couplet; distich

专　名

1. 苏州拙政园	Sūzhōu Zhuózhèngyuán	Suzhou the Humble Administrator Garden
2. 周庄	Zhōuzhuāng	Zhouzhuang Village
3. 贞丰里	Zhēnfēnglǐ	name of a place
4. 贞固里	Zhēngùlǐ	name of a place
5. 元宵节	Yuánxiāo Jié	festival of lanterns

练　习

一、判断正误：

1. 在国际化大都市上海，众多的外籍人士加入了中国人的"过年"热潮中，他们吃年夜饭、放鞭炮、看花灯，过得非常快乐。（　　）

2. 来自美国的丹尼在香港的一家企业工作，他十分在行地向他的朋友介绍起过中国年的习俗。（　　）

3. 多米尼克说，在德国节庆日也放烟花爆竹，但由于价格昂贵，一般只是少数人放，鞭炮声零零星星难以形成规模，但在这里，中国人放起鞭炮铺天盖地，使他兴奋不已。（　　）

4. 来自法国的安东尼，为感受爆竹声声之乐，除夕夜全家专程驱车夜游申城，边聆听着不绝于耳的鞭炮声，边观赏着被烟花点缀的璀璨夜空，感受着热闹的气氛。（　　）

5. 被海外人士誉为"人间新天堂"的古城苏州，外商投资企业超过了1万家，今年35000多的台胞、"海归派"和外籍人士选择留在苏州过大年，零距离体验姑苏过年的别样风情。（　　）

6. "中国第一水乡"周庄的贞丰里和贞固里，那里的民居客栈都已经

人满为患，房客大都是来苏州的台胞和外企的"洋打工"。（　　）

7. 留学法国的水乡妹子王薇今年携法国男友路易一起回周庄举办传统的婚礼，她的法国公公婆婆和小叔都来到周庄参加婚礼，为过年增加了异国的情调。（　　）

8. 艺术家李小白离国19年后第一次回国过春节。他在周庄家里陪老母聊天，过了一个很清淡却很有滋味的春节。（　　）

9. 大连是我国第一个对外开放的港口城市，每年吸引大批外国专家。（　　）

10. 这20多位认真撰写对联的外国专家为大连的发展做出了突出的贡献，他们喜爱上了大连良好的创业环境。（　　）

春节海外升温的启示

李嘉全

春节是中国最重要的传统节日，正在产生越来越大的世界影响，就连美国总统布什夫妇都向全球华人拜年并以书面形式发贺信，英国首相布莱尔也发表了新年贺词并向在英国的所有中国人祝贺农历新年。美国纽约州还通过法律，规定中国农历新年为纽约州法定假日。此外，新西兰、阿根廷、印尼等很多地方的华人社区都在春节举行隆重的庆祝活动，春节在海外日益受到重视。

中国春节海外升温说明了中国国力的日益增强。世界文化的发展总是遵循由强国向弱国流动、由文化发达地区向文化欠发达地区流动的规则。圣诞节、情人节在中国的时兴，无疑是西方国家的国力强大所致。中国人过西方的情人节，已经有近20年的光景，而西方人过中国的春节，只是近几年才掀起了热潮。如今中国春节受到西方人的青睐，显现出我国综合国力的攀升和迅速壮大，继而推动了中国传统文化在世界范围内的流动。

春节海外升温说明了中华传统文化具有旺盛的生命力，显现出中国传统文化深厚的底蕴。数千年的岁月风雨给中国文化的发展刻下了深深的印记，已经成为世界文化的宝贵财富。为了增强综合竞争力，各国都在维护自己的文化形象的同时，注重吸收外来优秀文化的精髓，为己所用，不断扩大自己在世界范围内的影响力。这也是西方国家为何重视中国传统文化的一个重要方面。

春节海外升温还说明了中国改革开放的巨大成就使得传统文化在推动世界经济"全球化"飞速发展中产生了巨大吸引力。文化的"全球化"必然与经济的"全球化"相辅相成。改革开放以来，中国社会经济持续发展，国际地位稳步提升，随着中国成功加入世贸组织和改革开放步伐加快，尤其是经济持续健康发展，使中国成为举足轻重的经济大国，发达国家日益看重中国广阔的市场和无限的商机。这也是为何外国政府开始重视中国传统节日的一个重要因素。

一个民族的价值不仅仅取决于它丰厚的物质积累和充足的现实财富，更取决于它能在什么样的高度上给自己的经历打上永恒的印记。当今世界，文化与经济和政治相互交融，在综合国力竞争中的地位和作用越来越突出。文化的力量，深深熔铸在民族的生命力、创造力和凝聚力之中，中国春节海外升温为中国的发展作了最好的注解。

（选自2006年2月20日《光明日报》）

生 词

1. 拜年		bài nián	pay a New Year call
2. 贺信	（名）	hèxìn	congratulatory letter
3. 国力	（名）	guólì	nationnal power

4. 青睐	（动）	qīnglài	favour
5. 显现	（动）	xiǎnxiàn	appear
6. 继而	（连）	jì'ér	then; afterwards
7. 旺盛	（形）	wàngshèng	flower; bloom; vigorous
8. 底蕴	（名）	dǐyùn	details
9. 印记	（名）	yìnjì	print; track; mark
10. 精髓	（名）	jīngsuǐ	distillation; soul; marrow
11. 全球化	（动）	quánqiúhuà	globalization
12. 相辅相成		xiāng fǔ xiāng chéng	supplement and complement each other
13. 举足轻重		jǔzú qīngzhòng	hold the balance; prove decisive
14. 积累	（动）	jīlěi	accumulate; fund; accumulation
15. 交融	（动）	jiāoróng	blend
16. 熔铸	（动）	róngzhù	founding casting
17. 凝聚力	（名）	níngjùlì	cohesion
18. 注解	（动）	zhùjiě	annotation; notes; annotate

专　名

1. 布什	Bùshí	name of a person
2. 布莱尔	Bùlái'ěr	name of a person
3. 新西兰	Xīnxīlán	New Zealand
4. 阿根廷	Āgēntíng	Argentina
5. 印尼	Yìnní	Indonesia

练 习

一、判断正误：

1. 春节是中国最重要的传统节日，但在海外日益受到重视，正在产生越来越大的世界影响。（　　）
2. 世界文化的发展总是由弱国向强国流动，圣诞节、情人节在中国的时兴，是西方国家的国力强大所致。（　　）
3. 由于我国综合国力的攀升和迅速壮大，推动了中国传统文化在世界范围内的流动，因此中国春节受到西方人的青睐是理所当然的。（　　）
4. 春节海外升温说明了中国传统文化深厚的底蕴和旺盛的生命力，而且中国传统文化已经成为世界文化的宝贵财富。（　　）
5. 西方国家开始重视中国传统节日文化的原因之一在于中国国力的日益强大。（　　）
6. 春节海外升温说明了中国传统文化在推动世界经济"全球化"飞速发展中产生了巨大的吸引力。（　　）
7. 外国政府开始重视中国传统节日的一个重要因素，是看重中国广阔的市场和无限的商机。（　　）
8. 中国春节海外升温充分表明，当今世界，文化在综合国力竞争中的地位和作用越来越突出。（　　）

二、回答问题：

1. 举例说明春节在海外日益受到重视。
2. 中国春节海外升温说明了哪些问题？

第七单元 禁毒斗争

1

禁毒斗争任重道远

境内外毒贩勾结制贩冰毒

去年公安部禁毒局直接指挥的8起目标案件中,均有境外人员参与。6月22日,在国务院新闻办举行的新闻发布会上,公安部禁毒局通报了一起近期由我国福建、广东公安机关破获的制贩冰毒案。这是一起比较典型的境内外毒贩相互勾结制贩毒品的大案。

据介绍,2001年11月底,福建省公安厅禁毒总队获悉,台湾人吴某长期以厦门为据点,利用前来内地进行小额贸易的船只,在我国与菲律宾、日本、缅甸、泰国等东南亚国家之间进行走私运输冰毒的犯罪活动。2002年5月中旬,福建禁毒总队又得知,台湾人"阿建"长期在东南亚进行制贩冰毒的犯罪活动。2004年9月初,福建禁毒总队将这两人作为重点目标立案侦查,案件代号为"JDB007"。

经过长期缜密侦查,福建禁毒总队基本掌握了该贩毒集团的人员网络情况和活动规律,发现该贩毒集团涉及泰国、马来西亚、菲律宾等东南亚国家。

2005年初,此案被列为公安部督办案件。专案组进一步确认该贩毒团伙是一个内部分工明确,组织严密，且有较高的反侦查意识的国际贩毒团伙。贩毒集团十分狡猾，毒枭往往不入境，采取境外遥控指挥等方式逃避打击。

2005年12月4日晚10时至次日凌晨4时，专案组实施收网行动，在广东珠海抓获犯罪嫌疑人连松庆、叶为群等人。5日上午，赴港的工作组在香港昂船洲码头查扣了一个可疑的集装箱，从中缴获冰毒192公斤。此后，专案组先后在深圳、广州抓获犯罪嫌疑人单晓眉、梁伟成等人。在梁伟成的住处搜出成品冰毒63.57公斤，制毒原料212.49公斤，毒资240余万元人民币，仿"五四"式手枪一支、子弹7发及毒品加工设备一批，扣押运毒汽车3辆。

这起特大跨国走私冰毒案，是我国开展禁毒人民战争以来破获的一批毒品大案之一。

据介绍，2005年，由公安部禁毒局直接指挥的8起目标案件中，境外毒贩或者坐镇境外遥控指挥，或者入境直接参与制毒，充当"幕后老板"或者组织毒品走私和销售等重要角色，发挥着中坚和核心的作用。

禁毒斗争取得阶段性成果

中国将继续加强与有关国家合作办案，逐步建立双边联合缉毒执法模式。公安部禁毒局副局长刘跃进在接受采访时说，对于境内外勾结的毒品案件，下一步国家禁毒办要以东盟和中国打击苯丙胺类毒品犯罪联合行动框架为依托平台，与有关国家大力开展侦查办案合作，有力打击本地区的制贩新型毒品犯罪活动。同时，继续加强与澳大利亚、加拿大、日本、韩国等重点国家情报信息的共享机制建设，逐步建立双边联合缉毒执法模式。

国家禁毒委员会副秘书长陈存仪介绍说，中国政府历来高度重视禁毒工作，近年来，特别是2005年4月部署全国开展禁毒人民战争以来，禁毒斗争取得重要的阶段性成果：

2005年，全国破获毒品犯罪案件4.5万起，抓获毒品犯罪嫌疑人5.8万名，打掉贩毒团伙1550个；共缴获海洛因6.9吨、冰毒5.5吨、鸦片2.3吨、摇头丸234万粒、氯胺酮2.6吨；全国强制戒毒29.8万人次，劳教戒毒7万人次，自愿戒毒13.5万人次，戒断巩固3年以上的11.6万名；共破获易制毒化学品犯罪案件504起，缴获易制毒化学品158吨，一大批跨国跨境贩毒案件被破获。

禁毒形势仍不容乐观

毒品来源多元化、毒品滥用多样化仍是当前毒品问题的主要特征。陈存仪指出，我国面临的禁毒斗争形势仍然不容乐观。当前，国际毒潮泛滥，涉毒国家和地区继续扩大，毒品来源、毒品种类、毒品产量、吸毒人数持续增多。受此影响，毒品来源多元化、毒品滥用多样化仍是当前毒品问题的主要特征。

——境外毒品多头入境的局面仍然没有改变。"金三角"缅北地区仍是对中国危害最大的境外毒源地。"金新月"地区，特别是阿富汗生产的海洛因向中国渗透加剧。2005年，阿富汗鸦片产量4100吨，占世界总产量的87%。

——境内制贩毒活动屡禁不止。国内形成了昆明、大理、广州、深圳等多个辐射全国的毒品中转站、集散地。同时，华北、西北等地土法加工传统毒品和广东、福建等东南沿海地区制造冰毒、摇头丸等新型毒品的问题仍比较突出。

——易制毒化学品和麻醉药品、精神药品非法流失问题时有发生。2005年，中国缴获易制毒化学品158吨，通过国际核查阻止非法出口3250吨。

——毒品滥用问题仍在发展蔓延。截至2005年底，中国有吸毒人员78.5万名，其中吸食海洛因成瘾人员70万名。在海洛因成瘾人员中，35岁以下的青少年占69%，农民占30%，社会闲散人员占52%。同时，一些娱乐场所吸贩摇头丸、氯胺酮问题仍较突出。据介绍，下一步，我国将以解决海洛因问题为重点，在缉毒执法，堵源截流，以海洛因成瘾人员为重点的戒毒康复，易制毒化学品和麻醉药品、精神药品管控，禁毒预防宣传教育，境外除源，替代发展等工作继续加大力度，全面推进各项禁毒工作。

（选自2006年6月23日《华商报》）

禁毒斗争 第七单元

生 词

1. 制贩	（动）	zhìfàn		make and peddle
2. 冰毒	（名）	bīngdú		ice-a deadly stimulant drug
3. 通报	（动）	tōngbào		circular; leport
4. 破获	（动）	pòhuò		uncover; unearth
5. 大案	（名）	dà'àn		major cases
6. 走私	（动）	zǒusī		smuggling
7. 立案		lì àn		put on record; register
8. 侦查	（动）	zhēnchá		spy; spy into
9. 缜密	（形）	zhěnmì		careful; meticulous; deliberate
10. 督办	（动）	dūbàn		supervise and urge handle
11. 狡猾	（形）	jiǎohuá		sly; crafty
12. 毒枭	（名）	dúxiāo		big drug trafficker
13. 遥控	（动）	yáokòng		remote control
14. 逃避	（动）	táobì		escape; evade
15. 查扣	（动）	chákòu		check and detain
16. 集装箱	（名）	jízhuāngxiāng		container
17. 缴获	（动）	jiǎohuò		capture; seize
18. 毒资	（名）	dúzī		capital for harcotic drugs
19. 坐镇	（动）	zuòzhèn		assume personal command
20. 缉毒	（动）	jīdú		drug control
21. 苯丙胺	（名）	běnbǐng'àn		amfetamine
22. 海洛因	（名）	hǎiluòyīn		heroin

23.	摇头丸	（名）	yáotóuwán	Ecstasy; dancing outreach
24.	氯胺酮	（名）	lǜ'àntóng	ketamine
25.	强制	（动）	qiángzhì	force
26.	戒毒		jiè dú	quit drug abuse
27.	劳教	（动）	láojiào	labor education and rehabilitation
28.	毒潮	（名）	dúcháo	the trend of criminal on narcotic drugs
29.	泛滥	（动）	fànlàn	spread unchecked
30.	麻醉	（动）	mázuì	anaesthesia; anaesthetize

专 名

1.	公安部禁毒局	Gōng'ānbù Jìndújú	the Drug Control Department of the Public Security Buera
2.	福建省公安厅禁毒总队	Fújiànshěng Gōng'āntīng Jìndú Zǒngduì	name of an organization
3.	菲律宾	Fēilǜbīn	Philippines
4.	缅甸	Miǎndiàn	Burma
5.	泰国	Tàiguó	Thailand
6.	马来西亚	Mǎláixīyà	Malaysia
7.	国家禁毒委员会	Guójiā Jìndú Wěiyuánhuì	State Committee of Drug Control
8.	金三角	Jīnsānjiǎo	Golden Triangle, an area between Burma, Thailand and Laos, notorious for its drug production on trafficking

练 习

一、选择正确答案：

1. 在国务院新闻办举行的新闻发布会上，公安部禁毒局通报的一起由我国福建、广东公安机关破获的制贩冰毒案是什么时候破案的？（ ）

   A. 2001 年 11 月底　　　　　　B. 2002 年 5 月中旬
   C. 2004 年 9 月初　　　　　　　D. 2005 年 12 月

2. 台湾人吴某长期以厦门为据点从事的活动是（ ）

   A. 走私运输冰毒
   B. 制贩冰毒
   C. 来内地进行小额贸易
   D. 坐镇境外遥控指挥

3. 台湾人"阿建"长期在东南亚从事的活动是（ ）

   A. 走私运输冰毒
   B. 制贩冰毒
   C. 来内地进行小额贸易
   D. 坐镇境外遥控指挥

4. 由公安部禁毒局直接指挥的 8 起目标案件，共同的特点是（ ）

   A. 国际贩毒团伙有较高的反侦查意识
   B. 均有境外人员的参与
   C. 毒枭坐镇境外遥控指挥
   D. 贩毒团伙分工明确，组织严密

5. 对这一类毒品案件，国家禁毒办下一步要做的事情是（ ）

   A. 与有关国家合作打击本地区的制贩新型毒品犯罪活动
   B. 加强与外国合作，建设国家情报信息的共享机制
   C. 逐步建立双边联合缉毒执法模式
   D. 包括以上三者

6. 当前毒品问题的主要特征是（　　）
   A. 毒品来源多元化　　　　　　B. 毒品滥用多样化
   C. 禁毒斗争形势不容乐观　　　D. 只包括 A 和 B

二、判断正误：

1. 最近由我国福建、广东公安机关破获的制贩冰毒案，是一起比较典型的境内外毒贩相互勾结制贩毒品的大案。（　　）
2. 这起大案中两个台湾人先后参与了走私运输冰毒的犯罪活动。（　　）
3. 2004 年 9 月初，这两人作为重点目标被福建禁毒总队立案侦查，2005 年初，被公安部列为代号"JDB007"案件，并由公安部亲自督办。（　　）
4. 经过长期缜密侦查，专案组进一步确认，该贩毒团伙是一个内部分工明确，组织严密，毒枭境外遥控指挥的国际贩毒集团。（　　）
5. 2005 年 12 月初，专案组先后在深圳、广州等地抓获犯罪嫌疑人并缴获大批毒品和毒资等，此案终于告破。（　　）
6. 据介绍，2005 年，由公安部禁毒局直接指挥的 8 起目标案件中，境外毒贩全部坐镇境外遥控指挥，发挥着中坚和核心的作用。（　　）
7. 2005 年，中国加强了与相关国家的合作办案，并已建立起双边联合缉毒执法模式。（　　）
8. 当前毒品问题的主要特征仍是毒品来源多元化和毒品滥用多样化。（　　）

切断国际贩毒通道

——北京海关破获跨国毒品走私大案纪实

杜海涛

6月21日,北京海关缉私局举行新闻发布会,宣布破获一起跨国毒品走私大案,查获高纯度海洛因3477.55克、可卡因4.49克,抓获犯罪嫌疑人9名。

这是北京海关历史上查获的数量最大、侦办最完整的毒品案件。

■ 犯罪嫌疑人"投石问路",海关人员将计就计,布下监控大网

2月4日,正值春节前夕,北京海关在首都机场从一印尼籍女子携带的行李箱夹层中查获高纯度海洛因3184.18克。一个月后,海关再次发现一新加坡女子采用同样的手法携带可疑白色粉末入境。不过,这次的白色粉末却只是一些普通淀粉。

相同特征、相同牌子的行李箱,一样的藏匿手法,犯罪嫌疑人分明是"投石问路",以掩护真毒品通关。海关缉私人员分析,北京首都机场可能存在一条境外有组织跨国贩毒集团建立的秘密走私贩毒渠道。

北京海关缉私局决定,立即对情报线索进行深入排查,彻底摸清走私活动规律,摧毁这一走私通道。

"我们走访了数百家宾馆、酒店。"北京首都机场海关缉私局情报科科长孙马力告诉记者,"通过调取出入境记录,我们重点排查了那些进出境频繁、在京停留时间1至3天、携带行李简单、独自进出境的外籍旅客,最终从数千名外籍旅客中筛选出几十名可疑人员。"

根据掌握的线索,北京海关缉私局联合海关监管、边防检查、饭店保卫等有关方面,对毒品走私活动实施了全方位监控。

■ 携货人与接货人双双落网，缴获价值400多万元高纯度海洛因

4月24日，目标出现了。一个名叫艾琳的印度尼西亚籍女子，于当天早上7时15分，乘新加坡SQ812航班到达北京，随身带有一硬制拉杆箱。因其所携带的拉杆箱与此前海关查获的完全一致，艾琳一露面，就被海关侦查人员秘密监控。

7时19分，艾琳"顺利"通关；8时30分，入住北京某饭店。海关缉私人员对艾琳的一举一动实施了24小时不间断监控。

4月25日上午10时37分，一名黑人男子来到饭店，进入了艾琳的房间；11时18分，两人携带着那只硬制拉杆箱同时离开，进入北京燕莎附近的某酒吧用餐。下午2时，两嫌疑人交接行李箱后分手，艾琳乘出租车前往首都机场方向，黑人男子携带行李箱返回朝阳区某小区住所。

下午3时40分，缉私人员在黑人男子的住所将其抓获，在房间的角落里发现了艾琳携带的行李箱。不出所料，缉私人员从行李箱夹层中起获大批白色粉末状物质。后经北京市公安局毒检中心鉴定，这些粉状物质是高纯度海洛因，总重3464.38克，纯度高达86.6%，是一般海洛因的3～4倍。"这批毒品在黑市的零售价可达400万元以上。"北京海关缉私局副局长张冀平说。

与此同时，缉私人员迅速和机场取得联系，得知艾琳将乘坐当日下午4时的SQ801航班飞往新加坡。飞机起飞前15分钟，在机场边防、航空公司的配合下，海关侦查员迅速登机，将艾琳抓获。

■ 办案人员南下广州实施抓捕，其他6名犯罪嫌疑人陆续落网

护照显示，被抓获的黑人男子名叫伊玛·奥努玛，国籍加纳。他曾在中国学过4年中文，能说一口流利的汉语。

海关缉私人员立即对伊玛进行连夜突审。伊玛交待，这批毒品原定于次日运往广州，交给香港贩毒团伙的另一名接货人，然后销往香港等地。他表示愿意协助警方前往广州抓捕毒贩。此时，已是26日凌晨3时许。

为顺藤摸瓜，抓获贩毒渠道的下线，北京海关缉私局立即成立7人特别行动小组，于26日晚6时羁押着伊玛乘坐其事先预定的航班抵

达广州。

晚9时28分，伊玛的手机响起，接货人果然打来电话。对方简单通话后挂了电话。之后一直没有动静。特别行动小组成员只好耐心等待。27日下午2时45分，对方再一次打来电话，表示准备取货。15时26分，取货人出现。这名黑人男子进入酒店后直奔伊玛的房间。就在双方准备交易时，早已等候在房间衣柜里和埋伏在房间外面的缉私人员共同行动，牢牢控制了接货人。护照显示，接货人名叫伊泽克，国籍莱索托。至此，携货人、送货人、接货人均被抓获。专案组又经过半个月的艰苦工作，5月18日，在北京抓获另外6名犯罪嫌疑人，又缴获海洛因13.17克，可卡因4.49克。至此，9名犯罪嫌疑人均被抓捕归案，其中外籍犯罪嫌疑人7名，一个跨国犯罪团伙被打掉。

据介绍，近年来，随着我国南方口岸对跨国毒品走私打击力度的加强，跨国毒贩不惜长途辗转，从北京首都机场走私毒品。北京海关查获的"2·4"毒品走私案和"4·25"毒品走私案系同一国际贩毒团伙所为。幕后组织者始终在境外指挥，与境内运毒人员采取单线联系。团伙成员分为互不相识的几个小组多线经营。

针对这种趋势，北京海关缉私局副局长张冀平表示，海关将保持高度警惕，不断加强对重点航班和可疑人员的查验力度，提高缉毒人员的协同作战和快速反应能力。

（选自2005年06月23日《人民日报·海外版》）

生 词

1. 贩毒		fàn dú	traffic in drugs；traffic in narcotics
2. 海关	（名）	hǎiguān	customhouse；customs
3. 缉私	（动）	jīsī	suppress smuggling；search for smugglers or smuggling goods

4. 查获	（动）	cháhuò	ferret out; hunt down and seize
5. 可卡因	（名）	kěkǎyīn	cocaine
6. 嫌疑人	（名）	xiányírén	suspect
7. 投石问路		tóu shí wèn lù	throw a stone to clear the road
8. 监控	（动）	jiānkòng	monitor and control
9. 夹层	（名）	jiācéng	interlayer
10. 淀粉	（名）	diànfěn	starch; amylum; amylaceous; amyloid
11. 藏匿	（动）	cángnì	conceal; squirrel sth. away
12. 通关		tōng guān	clear the customs
13. 情报	（名）	qíngbào	information
14. 线索	（名）	xiànsuǒ	clue; thread
15. 排查	（动）	páichá	check up
16. 筛选	（动）	shāixuǎn	sift; sieving; screening
17. 边防	（名）	biānfáng	frontier defence
18. 全方位	（名）	quánfāngwèi	comprehensive; all-inclusive
19. 落网		luò wǎng	be caught; be captured
20. 航班	（名）	hángbān	light number; scheduled flight
21. 入住	（动）	rùzhù	live in
22. 一举一动		yì jǔ yí dòng	every act and every move
23. 黑市	（名）	hēishì	black market

24. 零售价	（名）	língshòujià		retail price
25. 抓捕	（动）	zhuābǔ		arrest；catch
26. 突审	（动）	tūshěn		surprisingly interrogation
27. 交待	（动）	jiāodài		confess
28. 顺藤摸瓜		shùn téng mō guā		follow the vine to get the melon-track down sb. or sth. by following clues
29. 下线	（名）	xiàxiàn		off-line
30. 羁押	（动）	jīyā		detain；take into custody
31. 打掉	（动）	dǎdiào		take out
32. 辗转	（动）	zhǎnzhuǎn		toss
33. 幕后	（名）	mùhòu		behind the scenes；backstage

专　名

1. 北京海关缉私局	Běijīng Hǎiguān Jīsījú	name of an organization
2. 燕莎	Yānshā	name of a shop
3. 北京市公安局毒检中心	Běijīngshì Gōng'ānjú Dújiǎn Zhōngxīn	name of an organization
4. 加纳	Jiānà	Ghana
5. 莱索托	Láisuǒtuō	Lesotho

练 习

一、选择正确答案：

1. 在查获的两起走私毒品大案中，首先被海关缉私人员抓获的犯罪嫌疑人是（　　）
   A. 伊泽克　　　　　　　　B. 伊玛·奥努玛
   C. 艾琳　　　　　　　　　D. 一印尼籍女子

2. 为国际贩毒组织的毒品通关投石问路的人是（　　）
   A. 一印尼籍女子　　　　　B. 一新加坡籍女子
   C. 一加纳籍男子　　　　　D. 一莱索托籍男子

3. 艾琳能够顺利通关是因为（　　）
   A. 海关缉私人员的"引蛇出洞"计策
   B. 海关缉私人员没有发现她藏有毒品
   C. 她骗过了缉私人员的眼睛
   D. 海关缉私人员查获的是淀粉

4. 海关缉私人员缴获价值400多万元的高纯度海洛因的地点是在（　　）
   A. 北京海关　　　　　　　B. 广州某酒店的房间里
   C. 北京朝阳区某小区　　　D. 北京的某一个酒吧里

二、判断正误：

1. 北京海关缉私局宣布破获的一起跨国毒品走私大案，查获的毒品数量之大、案件侦办之完整，都开创了北京海关历史之最。（　　）

2. 一新加坡女子在行李箱的夹层中携带可疑白色粉末入境，其目的是为以后的毒品通关投石问路。（　　）

3. 北京海关的缉私人员走访了数千名外籍旅客，并且从中发现了几十名可疑人员。（　　）

4. 一名叫艾琳的印尼籍女子从新加坡坐飞机一到北京就被海关人员从行李箱中起获毒品，并被逮捕。（　　）

5. 缉私人员从黑人男子的房间里发现了艾琳携带的行李箱并从中起获了大批的海洛因。（ ）
6. 艾琳是在北京飞往新加坡的飞机起飞15分钟后被缉私人员抓获的。（ ）
7. 27日下午15时26分在伊玛的房间里被抓获的毒品取货人是一个莱索托籍男子。（ ）
8. 截至5月18日，包括携货人、送货人和取货人在内的9名犯罪嫌疑人已经全部落网，其中7名是外籍犯罪嫌疑人。（ ）
9. 这两起毒品走私案件的幕后组织者没有被抓获主要是因为，他们与运毒品的人员采取了多线联系。（ ）
10. 海关将继续保持高度警惕，对重点航班和可疑人员将不断加强查验力度，使缉毒人员的协同作战和快速反应能力获得进一步提高。（ ）

第八单元 中国与世贸

1

<small>大部分承诺已经兑现　顺利进入后过渡期</small>

加入世贸四年　中国可得高分

钱　斐

2001年12月11日，中国成为世贸组织第143个成员。4年后的今天，中国交出了一张出色的入世"成绩单"。据《解放日报》报道，官方数据显示，中国在关税减让和非关税措施方面的大多数承诺已履行完毕甚至提前完成，服务贸易方面的承诺基本到位。从4年前的新成员到逐渐融入世贸大家庭，中国作为WTO的完全成员顺利进入后过渡期的第一年。

新成员表现非常好

如果说入世第一年，大家关注的是中国加入世贸后面临的冲击问题，第二年和第三年关注的是中国的承诺兑现情况，那么到2005年，则是中国进入后过渡期的第一年，也是中国"真刀真枪"面对WTO挑战的一年。

中国世贸组织研究会常务副秘书长任以锋在接受采访时很自豪地说："如果要我给中国加入世贸表现打分，打80～90分应该是客观的吧。"而世贸组织148个成员对中国的整体评价则是："作为新成员，已经表现得非常好。"

无论是关税减让还是服务贸易市场的开放，中国前进的步伐一直没有停过。

亮出骄人"成绩单"

加入世贸以来，中国已先后4次对关税进行大幅度削减。目前，关税总水平已经从加入世贸前的15.3%降到2002年的12.7%、2003年的11%和2004年的10.4%，2005年进一步降到9.9%（提前达到10%以下水平的目标）。其中农产品平均税率更是从加入前的23.2%降至2005年的15.3%。

4年来，中国贸易总额连年高速增长。2002年，中国进口达2952亿美元，比2001年增长21.2%；2003年，进口达4128亿美元，同比增长39.9%。2004年，进口达5613.8亿美元，同比增长36.0%，中国首次成为世界第三贸易大国。预计2005年中国对外贸易总额将超过1.4万亿美元。

这几年服务市场的开放力度有目共睹，以银行业为例，截至2005年10月末，已有40个国家和地区的173家银行在中国开设了238家代表处，比入世前增加了24家；有20个国家和地区的71家外国银行在中国设立了238家营业性机构，比入世前增加了43家。法规制度接轨的步伐前所未有——中国在4年里修改了2000多项法律法规，并废除了800多项法规。

中国角色引人关注

加入世贸4年来，作为新成员和一个在国际经济中占有越来越重要地位的发展中国家，中国在WTO中的角色正引起各方的关注。

几乎在加入WTO的同时，中国就开始寻求对WTO规则制定的话语权。早在2003年坎昆部长会议上，初次亮相的中国就坚持了既要维护中国和发展中国家利益，也要推动谈判取得进展的立场。

时至今日，中国在多哈回合谈判中与"20国集团"其他发展中成员一起发挥了建设性作用，"20国集团"已成为本轮农业谈判中举足轻重的中坚力量。今年7月，在中国承办的大连WTO小型部长级会议上，"20国集团"对关键的农业谈判提出了立场文件，出价介于欧美之间，被认为是最有希望的"中间地带"。

11月初，履新不久的商务部副部长易小准在日内瓦提出了希望12月13日召开的香港部长级会议在特定领域取得"早期收获"的概念，并已被纳入会议成果文件草案。

（选自2005年12月12日《人民日报·海外版》）

生　词

1. 入世		rù shì	etry to WTO
2. 关税	（名）	guānshuì	tariff; customs duty
3. 完毕	（动）	wánbì	finish; complete; end; be over
4. 到位		dào wèi	reach the designated position
5. 冲击	（动）	chōngjī	lash; pound
6. 真刀真枪		zhēn dāo zhēn qiāng	real swords and spears the real thing
7. 削减	（动）	xuējiǎn	cut (down)
8. 税率	（名）	shuìlǜ	ax rate
9. 有目共睹		yǒu mù gòng dǔ	be there for all to see; be obvious to all
10. 前所未有		qián suǒ wèi yǒu	unprecedented
11. 废除	（动）	fèichú	abolish; abondon; discard
12. 话语权	（名）	huàyǔquán	right of discourse speaking
13. 亮相		liàng xiàng	declare one'views; strike a pose on the stage
14. 中坚	（名）	zhōngjiān	nucleus
15. 履新	（动）	lǚxīn	take up a new post
16. 草案	（名）	cǎo'àn	draft; protocol

中国与世贸　第八单元

练　习

一、判断正误：

1. 中国于 2001 年 12 月 11 日加入了世贸组织，成为其第 143 个成员。（　　）

2. 在关税减让和非关税措施方面的所有承诺中国已经履行完毕甚至提前完成，而在服务贸易方面的承诺也已经基本到位。（　　）

3. 中国在 4 年前就已经从世界贸易组织新成员，成为了融入世贸大家庭的的完全成员。（　　）

4. 2005 年是人们关注中国承诺兑现情况的一年，也是中国面对 WTO 挑战动真格的一年。（　　）

5. 作为 WTO 的新成员，中国的表现获得了世贸组织 148 个成员的好评。（　　）

6. 加入世贸以来，中国对关税进行了大幅度削减，并提前达到了 10% 以下水平的目标，而其中农产品平均税率削减幅度最大。（　　）

7. 4 年来，中国进出口同比增长均超过了三成，并首次成为世界第三贸易大国。（　　）

8. 截至 2005 年 10 月末，无论是外国和地区在中国开设的银行代表处，还是外国银行在中国设立的营业性机构，其数量都比入世前有了增加。（　　）

9. 为了寻求对 WTO 规则制定的控制权，中国在加入 WTO 的同时，采取了既要维护中国和发展中国家利益，也要推动谈判取得进展的立场。（　　）

10. 在本轮农业谈判中，20 国集团成为举足轻重的中坚力量，对关键的农业谈判出价介于欧美之间，这被认为是最有希望的"中间地带。（　　）

97

二、归纳段意：

1. 4年来，中国贸易总额连年高速增长。2002年，中国进口达2952亿美元，比2001年增长21.2%；2003年，进口达4128亿美元，同比增长39.9%。2004年，进口达5613.8亿美元，同比增长36.0%，中国首次成为世界第三贸易大国。预计2005年中国对外贸易总额将超过1.4万亿美元。

   这段话的意思是：_____

2. 这几年服务市场的开放力度有目共睹，以银行业为例，截至2005年10月末，已有40个国家和地区的173家银行在中国开设了238家代表处，比入世前增加了24家；有20个国家和地区的71家外国银行在中国设立了238家营业性机构，比入世前增加了43家。

   这段话的意思是：_____

3. 时至今日，中国在多哈回合谈判中与"20国集团"其他发展中成员一起发挥了建设性作用，"20国集团"已成为本轮农业谈判中举足轻重的中坚力量。今年7月，在中国承办的大连WTO小型部长级会议上，"20国集团"对关键的农业谈判提出了立场文件，出价介于欧美之间，被认为是最有希望的"中间地带"。

   这段话的意思是：_____

中国与世贸　第八单元

世贸香港会议带来新契机

马　赛

世界贸易组织第六次部长级会议经过6天艰苦谈判，18日落下帷幕。149个成员部长在会议通过的《香港宣言》中承诺：在2013年底前取消所有的农产品出口补贴、在非农产品市场准入问题上采用"瑞士公式"（多边贸易谈判中减税公式之一）削减关税、发达成员2006年取消棉花出口补贴、发达成员和部分发展中成员2008年前向最不发达国家提供免关税和免配额市场准入。虽然在事关多哈回合成败的关键性问题上，会议仍未取得突破性进展，但为今后多哈回合谈判的顺利进行带来了新契机。

香港会议的成果低于预期在许多人意料之中。世贸组织主要成员国曾对此次会议寄予厚望，希望它成为扭转多哈回合谈判局面的转折点。然而，由于各方分歧过大，直到会议前夕，也没能对农业贸易等关键问题达成协议，香港会议也因此前景渺茫。

农业问题是多哈回合谈判的核心，这是多哈回合取得成功的最大障碍。大多数发展中成员的出口主要依赖农产品，但美国和欧盟在削减农业补贴问题上迟迟不愿做实质性让步。2003年9月墨西哥坎昆第五次部长级会议就是因为农业问题争执不下而失败的。香港会议开幕后，各方代表争论的焦点仍然集中于此。美、欧在农业问题上寸步不让，引起发展中国家的强烈不满。面对众多指责，美、欧针锋相对，上演"口水战"，把谈判无进展的责任归咎于对方。虽然欧盟在会议最后时刻同意2013年底前取消农产品出口补贴，但这仅是农业贸易谈判迈出的微小一步，尚有削减扭曲贸易的国内支持和市场准入两大难题有待解决。

世界银行曾警告："香港会议各国应做出'真正的让步'，如果多哈回合遭失败，受影响最大的是全世界贫困人民。决不能让少数人的利益湮没多数人的需要。"与会各方都十分清楚，如果农业、服务业和工业品贸易这些关键领域的谈判不能取得重大进展，多哈回合的谈判进程就会因此拖延。然而，涉及自身经济利益，谁都不肯轻易让步。僵局何时打破，全球自由贸易和经济一体化的目标何时实现，谁都无法给出确切答案。

客观地看，世贸组织这一多边国际贸易合作机制和它所倡导的多边贸易谈判，并不是医治全球贸易问题的万能良药，同样有其脆弱性和局限性。发达国家之间、发展中国家之间及发达国家与发展中国家之间，各自利益和目标相去甚远。在短时间内让100多个国家和地区就众多复杂经济问题达成协议，难度本来就很大，多哈回合谈判以来，过去主要由美、欧超级经济寡头主宰谈判的格局被打破，所有的谈判都有众多发展中成员参与。在兼顾平等的同时，多方角力使谈判更加困难和复杂，各方讨价还价、推诿扯皮。有专家指出，如果全球贸易谈判不能在明年年底完成，世贸组织的权威性将面临严峻的考验。

（选自2005年12月20日《光明日报》）

生 词

1.	谈判	（动）	tánpàn	negotiate; talk
2.	帷幕	（名）	wéimù	heavy curtain
3.	取消	（动）	qǔxiāo	cancel; reject; call off; do away with
4.	农产品	（名）	nóngchǎnpǐn	agricultural products
5.	补贴	（动、名）	bǔtiē	allowance; subsidy
6.	准入	（动）	zhǔnrù	admittance
7.	棉花	（名）	miánhuā	cotton

#	词	词性	拼音	释义
8.	配额	（名）	pèi'é	quota
9.	突破	（动）	tūpò	surmount；break；top
10.	进展	（动）	jìnzhǎn	proceed
11.	意料	（动）	yìliào	anticipate；expect
12.	寄予	（动）	jìyǔ	place；put in；express；give；show；pin on
13.	厚望	（名）	hòuwàng	great expectations
14.	扭转	（动）	niǔzhuǎn	retortion；tortion；turn
15.	转折点	（名）	zhuǎnzhédiǎn	milestone；turning point
16.	分歧	（名）	fēnqí	difference；diverge；divaricate；divarication
17.	前夕	（名）	qiánxī	eve
18.	达成	（动）	dáchéng	compass；manage；manage to
19.	协议	（名）	xiéyì	agreement；accord；concord
20.	核心	（名）	héxīn	core；nucleus
21.	障碍	（名）	zhàng'ài	obstacle；barrier
22.	依赖	（动）	yīlài	rely on；depend on
23.	让步	（动）	ràngbù	give in；give way
24.	争执不下		zhēngzhí bú xià	each stands (or holds) his ground
25.	争论	（动）	zhēnglùn	controversy；argue；contend；skirmish
26.	焦点	（名）	jiāodiǎn	focus
27.	寸步不让		cùn bù bú ràng	not yield an inch

28.	指责	（动）	zhǐzé	charge；denounce；reprove
29.	针锋相对		zhēn fēng xiāng duì	tit for tat
30.	口水战	（名）	kǒushuǐzhàn	kick up a row
31.	归咎	（动）	guījiù	blaming；imputation；reflect
32.	扭曲	（动）	niǔqū	distort
33.	有待	（动）	yǒudài	await
34.	警告	（动）	jǐnggào	warn；alarm
35.	湮没	（动）	yānmò	drown；inundate；submerge；flood
36.	领域	（名）	lǐngyù	field；sphere；domain；realm
37.	拖延	（动）	tuōyán	delay；prolong；push off；stall
38.	涉及	（动）	shèjí	involve；entangle；cover
39.	僵局	（名）	jiāngjú	deadlock
40.	医治	（动）	yīzhì	cure
41.	万能良药		wànnéng liángyào	the medicine for any diseases
42.	脆弱	（形）	cuìruò	fragile；delicate
43.	相去甚远		xiāng qù shèn yuǎn	distance between two places；there is much differencebetween
44.	寡头	（名）	guǎtóu	oligarch
45.	主宰	（动）	zhǔzǎi	dominate；decide；dictate
46.	兼顾	（动）	jiāngù	give consideration to two or more things；give attention to both；take account of two or more things at one and the same time

47. 角力	（动）	juélì	contend; tussle; enter into rivalry
48. 讨价还价		tǎo jià huán jià	close a bargain; bargain
49. 推诿	（动）	tuīwěi	buckpassing; shuffle
50. 扯皮	（动）	chěpí	dispute over trifles; argue back and forth; wrangle

专 名

1. 欧盟	Ōuméng	European Economic and Monetary Union (EU)
2. 墨西哥	Mòxīgē	Mexico
3. 坎昆	Kǎnkūn	name of a place

练 习

一、选择正确答案：

1. 下面哪句话的意思不符合《香港宣言》中的承诺？（　　）

   A. 2013年底前取消所有农产品出口补贴

   B. 在非农产品准入上削减关税

   C. 发达成员2008年前向不发达国家提供免关税和免配额市场准入

   D. 发达成员2006年取消棉花出口补贴

2. 香港会议开幕后，各方代表争论的焦点是（　　）

   A. 美国和欧盟不愿意做实质性让步

   B. 农业问题

   C. 多数发展中成员的出口主要依赖农产品

   D. 美欧把责任归咎于对方

3. 文章说,农业贸易的谈判迈出了微小的一步。这指的是(   )
   A. 发达成员2006年取消棉花出口补贴
   B. 欧盟同意在2013年底前取消农产品出口补贴
   C. 削减扭曲贸易的国内支持和市场准入问题的解决
   D. 各国做出了真正的让步

4. 与会代表十分清楚,谈判必须在关键领域取得重大进展,多哈回合的谈判进程就不会受到拖延。那么"关键领域"指的是(   )
   A. 农业   B. 服务业
   C. 工业品贸易   D. 包括以上三者

5. 客观地看,世贸组织要在短时间内让100多个国家和地区就众多复杂经济问题达成协议,难度很大,因为下列各方的利益和目标相去甚远,其中无关的一个是(   )
   A. 发达国家之间
   B. 发展中国家之间
   C. 发展中国家与发达地区之间
   D. 发达国家与发展中国家之间

6. 全球贸易谈判困难和复杂的原因是(   )
   A. 要兼顾平等   B. 多方角力
   C. 各方讨价还价、推诿扯皮 D. 包括以上三者

二、回答问题:

1. 149个成员部长在会议通过的《香港宣言》中做了什么承诺?
2. 多哈回合取得成功的最大障碍是什么?
3. 香港会议开幕后,各方代表争论的焦点在哪里?
4. 什么是多哈关键领域的谈判?
5. 如果多哈回合遭失败,受影响最大是谁?
6. 客观地看,世贸组织这一多边国际贸易合作机制和它所倡导的多边贸易谈判,其脆弱和局限性表现在哪里?

第九单元　铁路与航空

1

京沪高速铁路：开启高速新时代

邵文杰

铁道部4月3日发布的消息说，经国务院批准立项的京沪高速铁路，正在紧锣密鼓地进行开工前的准备工作。

京沪高速铁路是《中长期铁路网规划》中投资规模最大、技术含量最高的一项工程，也是我国第一条具有世界先进水平的高速铁路，正线全长约1318公里，与既有京沪铁路的走向大体并行，全线为新建双线，设计时速350公里，初期运营时速300公里，共设置21个客运车站。该项工程预计5年左右完成，2010年投入运营。

新建高速铁路为客运专线

铁道部有关负责人介绍，现有的京沪铁路运输能力长期紧张，运输密度是全国铁路平均水平的4倍，一直处于超负荷运行和限制型运输状态，严重制约了沿线经济发展。京沪高速铁路建成后，与既有京沪铁路实现客货分流。新建的高速铁路为客运专线，既有的京沪铁路为货运主线。届时，北京至上海高速列车全程运行时间只需5小时，比目前京沪间特快列车缩短9小时左右，年输送旅客单方向可达

8000余万人，大大释放既有京沪铁路的能力，使既有京沪线单向年货运能力达1.3亿吨以上，使其成为大能力货运通道，从而满足京沪通道客货运输需求，从根本上解决京沪通道运输能力紧张的状况，真正实现"人便其行、货畅其流"。

京沪高速铁路还具有与时速200公里既有铁路兼容的优势，时速不小于200公里的列车可以在京沪高速铁路上运行，从上海去往哈尔滨、沈阳、包头、兰州、西安、成都、乌鲁木齐和从北京去往华东的旅客，均可大大缩短旅行时间。

运用具有世界先进水平的动力车组

京沪高速铁路将全线铺设无缝线路和无砟轨道，铁路线路、牵引供电、通信信号等基础设施采取多种减振、降噪、低能耗、少电磁干扰的环保措施，全线实行防灾安全实时监控，运用具有世界先进水平的动力分散型电动车组，由集行车控制、调度指挥、信息管理和设备监测于一体的综合自动化系统统一指挥，以确保实现高速度、高密度、高舒适性、大能力、强兼容、高正点率、高安全性的现代化旅客运输。

京沪高速铁路全线实现道口的全立交和线路的全封闭，既方便沿线群众、车辆通行，又可确保高速列车运行安全。全线优先采用以桥代路方式，以最大限度节约东部地区十分宝贵的土地资源。

以自主知识产权技术体系建设高速铁路

铁道部有关负责人表示，京沪高速铁路建设坚持以我为主，自主创新，立足高起点、高标准，瞄准世界先进水平，形成具有中国自主知识产权的高速铁路技术体系。线路、桥梁、隧道、涵洞等工程技术，通过原始创新，形成完全独立的技术标准和自主知识产权；通信、信号、牵引供电系统，坚持系统集成创新，形成满足我国客运专线系统集成的标准和要求；运营调度和旅客服务系统，坚持自主创新，适应我国客运专线运营要求；高速动车组，按照"引进先进技术，联合设计生产，打造中国品牌"的要求，通过引进、消化、吸收和再创新，实现具有世界先进水平的客运动车组的国产化。

京沪高速铁路建设资金按照"积极探索市场化融资方式，吸纳民间资本、法人资本及国外投资，构建多元投资主体，拓展多种投资渠道"的要求，充分调动各方面积极性，采用货币、实物、知识产权、土地使用权等多种出资方式，利用国内外资本市场进行权益、债务融资，实现多元投资主体、多种筹资渠道、多样融资方式。

建设京沪高速铁路，开启了中国铁路高速新时代，不仅对于快速扩充我国铁路运输能力、快速提升技术装备水平，实现铁路跨越式发展具有重大的现实意义，而且对于坚持科学发展观，构建社会主义和谐社会，形成便捷、通畅、高效、安全的综合运输体系，促进工业结构优化升级，振兴装备制造业，保证国民经济又快又好地发展具有极其深远的历史意义。

（选自2006年4月4日《光明日报》）

生 词

1. 高速铁路		gāosù tiělù	express railway
2. 紧锣密鼓		jǐn luó mì gǔ	a mild beating of gongs and drums-an intens publicity campaign（usu in preparation for some sinister undertaking）
3. 技术含量		jìshù hánliàng	content of technology
4. 正线	（名）	zhèngxiàn	main
5. 并行	（动）	bìngxíng	walk abreast；carry on at the same time
6. 双线	（名）	shuāngxiàn	double track line
7. 时速	（名）	shísù	speed per hour
8. 届时	（动）	jièshí	when the time comes
9. 特快列车		tèkuài lièchē	express；express train
10. 释放	（动）	shìfàng	release

11. 兼容	（动）	jiānróng	compatible
12. 去往	（动）	qùwǎng	come and go
13. 铺设	（动）	pūshè	lay
14. 无缝线路		wúfèng xiànlù	seamless line; weldless route
15. 无砟轨道		wúzhǎ guǐdào	non-dregs orbit
16. 牵引	（动）	qiānyǐn	tow
17. 供电	（动）	gōngdiàn	supply electricity; supply power
18. 减振	（动）	jiǎnzhèn	shock absorption; damping
19. 降噪	（动）	jiàngzào	reducing noise
20. 能耗	（名）	nénghào	energy consumption
21. 电磁	（名）	diàncí	electromagnetism
22. 调度	（动）	diàodù	dispatch
23. 正点率	（名）	zhèngdiǎnlǜ	on schedule; on time; punctually
24. 全立交	（形）	quánlìjiāo	motorway interchange
25. 全封闭	（形）	quánfēngbì	seal; close
26. 沿线	（名）	yánxiàn	along the line
27. 确保	（动）	quèbǎo	insure; ensure
28. 自主	（动）	zìzhǔ	freedow act one's own; decide for oneself
29. 桥梁	（名）	qiáoliáng	bridge
30. 隧道	（名）	suìdào	tunne; tube
31. 涵洞	（名）	hándòng	culvert

32. 知识产权		zhīshi chǎnquán	intellectual property rights
33. 品牌	（名）	pǐnpái	rademark
34. 国产化	（动）	guóchǎnhuà	localization of products
35. 法人	（名）	fǎrén	juridical person；legal person
36. 多元	（形）	duōyuán	prural
37. 货币	（名）	huòbì	currency
38. 权益	（名）	quányì	rigts and interests
39. 债务	（名）	zhàiwù	debt
40. 和谐	（形）	héxié	harmonious
41. 便捷	（形）	biànjié	facile
42. 升级		shēng jí	promote

专　名

华东	（名）	Huádōng	East China

练　习

一、判断正误：

1. 经国务院批准立项的京沪高速铁路，正在紧锣密鼓地进行开工前的准备工作。（　　）
2. 京沪高速铁路是我国投资规模最大、技术含量最高的一项工程。（　　）

3. 京沪高速铁路是双线铁路,具有世界先进水平,正线全长约1318公里,与现在的京沪铁路的走向大体并行,设计时速达350公里。（   ）

4. 现有的京沪铁路运输能力和运输密度都为全国铁路平均水平的4倍,它一直处于超负荷运行和限制型运输状态,这严重制约了沿线经济发展。（   ）

5. 京沪高速铁路建成后将成为客运专线,而既有的京沪铁路将作为货运主线。（   ）

6. 京沪高速铁路建成后,北京至上海高速列车全程运行时间将比目前的特快列车缩短5小时左右,年输送旅客可达8000余万人。（   ）

7. 京沪高速铁路建成后,将非常有利于既有京沪铁路能力的发挥,从根本上解决京沪通道客货运输能力紧张的状况。（   ）

8. 京沪高速铁路还可与时速200公里的既有铁路互相兼容,从而方便旅客的出行,并大大缩短旅行时间。（   ）

9. 为了确保实现高速度、高密度、高舒适性、大能力、强兼容、高正点率、高安全性的现代化旅客运输,京沪高速铁路将采用自动化系统统一指挥的动力分散型电动车组。（   ）

10. 为了最大限度地节约东部地区的土地资源,京沪高速铁路将优先采用以桥代路的方式。（   ）

二、回答问题：

1. 请简单介绍一下京沪高速铁路的基本情况。
2. 京沪高速铁路建成后,将会带来什么好处？
3. 中国将采用哪些新技术来建设京沪高速铁路？
4. 如何解决京沪高速铁路的建设资金问题？
5. 建设京沪高速铁路的现实意义和历史意义是什么？

空客 A320 总装线落户天津

陈 杰

空中客车公司 A320 中国总装厂选址终于尘埃落定。国家发展和改革委员会 8 日宣布，中国北方港口城市天津在 4 个候选城市中胜出，拥有了空客在欧洲以外的唯一一条飞机总装线。

根据双方达成的加强工业合作谅解备忘录，总装线生产的首架飞机力争在 2008 年交付。

A320 系列飞机总装生产线落户天津，消息传出，震动海内外。这是欧洲空中客车公司总装线全球的第三条、欧洲以外的第一条。国外媒体评价，"此项合作，对双方来说意义非凡"。

造大飞机迈"两条腿"

"A320 系列飞机的本土化装配、调试试验，将为中国培养一批技术人员和技术工人，为中国大飞机的制造和试验储备高素质的人才，实现中国制造大飞机的梦想。"在中国民航大学执教多年的许春生教授期盼这一时刻的到来。

新中国建立以来，我国从无到有自主研制成功了 Y7、MA60、Y8 等民用飞机。2002 年开始，将研制支线飞机作为我国航空工业参与国际市场的切入点。同时，航空工业企业加强了国际合作，从转包飞机零部件到承担国外整机总装生产。转包生产零部件涉及波音 737、747、757 和空客 A310、A320、A330/340、ATR42/72 等。

民用航空工业是我国优先发展的高技术产业，国家加大自主研制力度，开发大型飞机设计与制造成套技术已列入国家"十一五"规划纲要"重大科技专项"。"大型飞机"被确定为国家中长期科技发展规划纲要 16 个重大专项之一。有关专家称，中国实行的是大飞机项目自主研发与引进、消化、吸收、再创新"两条腿"走路的模式。

起飞恰好"箭"在"弦"上

记者阅读了空客公司考察天津时提出的430条问题,非常细致,天津市和中央有关部门的答案也非常完备。空客方称赞,"组织得如此完美,深感震惊"。

A320系列飞机总装线项目场地位于天津滨海新区正在规划建设的临空产业区(航空城)内,紧邻扩建中的天津滨海国际机场及京津塘高速公路,距北京市130公里,距天津港30公里,具有铁路、港口、高速公路、轨道交通、快速路、大件运输专用线等综合优势。

有学者描述,环渤海区域城市群布局呈"弓箭型",沿海港口城市是"弓上的弦",广大腹地为"弓",京津冀城市带为"箭",环渤海地区经济起飞恰好"箭"在"弦"上。A320飞机总装线项目为环渤海经济振兴,特别是天津滨海新区作为中央定位的我国高水平的现代制造业和研发转化基地,发挥辐射带动作用提供了一个机遇。

2008年首批总装飞机上蓝天

据了解,A320系列飞机总装线预计投资50亿元人民币,加上改造、新建配套设施,项目总投资预计在80亿至100亿元人民币。

2010年底前月产4架飞机,规模达到年产44架。一期总装商业化飞机300架,以国内市场为主,之后考虑出口国外。2008年首批总装飞机出厂,交付使用,飞向蓝天。

项目选址确定后,6月由天津骨干企业作为主要投资方,联合国内有关企业组成中方企业联合体,将与空客公司组建独立法人的合资公司,进行商务谈判,今年内项目开工。

中方与空客公司合资组装A320系列飞机,实行风险共担,成果共享,是我国民航产业参与国际分工、循序渐进走国际合作道路,进行航空产业体制机制创新的有益尝试。

相关链接

▲ 2006年春节前,空中客车公司正式宣布将在中国设立一条单通道的A320飞机总装线,选址在上海、天津、西安和珠海4个城市之间进行。

▲ 2006空客A320是当今全球航空市场150座级单通道飞机的主力机型之一,具有较大的市场需求。

▲ 2006过去10年间,空客在中国的飞机数量增长了10倍。目前,在中国内地市场的份额

为39%。

▲ 2006 根据预测,"十一五"期间,中国民航将每年新增100多架飞机。未来15年,中国航空市场需新增大飞机1200架。
(2006年6月9日《人民日报·海外版》)

生 词

1. 空客	（名）	kōngkè	Airbus
2. 尘埃落定		chén'āi luòdìng	when the dust has settled; come to an end; finish
3. 合作谅解备忘录		hézuò liàngjiě bèiwànglù	memorandum
4. 交付	（动）	jiāofù	hand over; deliver
5. 非凡	（形）	fēifán	outstanding; extraordinary
6. 本土化	（动）	běntǔhuà	indigenization
7. 储备	（动）	chǔbèi	lay in; reserve
8. 执教	（动）	zhíjiào	be a teacher; teach
9. 期盼	（动）	qīpàn	expect; await
10. 研制	（动）	yánzhì	develop
11. 支线	（名）	zhīxiàn	branch line
12. 切入点	（名）	qiērùdiǎn	point of contact
13. 转包	（动）	zhuǎnbāo	subcontract
14. 零部件	（名）	língbùjiàn	spare parts; component parts
15. 力度	（名）	lìdù	strength
16. 弦	（名）	xián	bowstring; string

17. 扩建	（动）	kuòjiàn	extend
18. 高速公路		gāosù gōnglù	express way; superhigway
19. 轨道交通		guǐdào jiāotōng	orbital traffic
20. 腹地	（名）	fùdì	hinterland
21. 辐射	（动）	fúshè	radiate
22. 骨干企业		gǔgàn qǐyè	backbone/key enterprises
23. 联合体	（名）	liánhétǐ	an organic whole; association
24. 商务谈判		shāngwù tánpàn	businese negociation
25. 尝试	（动）	chángshì	attempt; try

专　名

1. 天津滨海新区	Tiānjīn Bīnhǎi Xīnqū	*name of an area*
2. 京津塘	Jīng-Jīn-Táng	*short for "Beijing-Tianjin-Tanggu"*
3. 京津冀	Jīng-Jīn-Jì	*Short for "Beijing-Tianjin-Hebei"*
4. 环渤海地区	Huánbóhǎi Dìqū	*the rim of Bohai Bay*

练　习

一、判断正误：

1. 根据双方达成的加强工业合作谅解备忘录，总装线生产的首架飞机必须在 2008 年交付。（　　）

2. A320系列飞机总装生产线落户天津，这是欧洲空中客车公司总装线全球的第三条、欧洲第一条。（　　）

3. 中国民航大学教授许春生认为，A320系列飞机的本土化装配、调试试验，将为中国培养出一批技术人员和技术工人，也为中国大飞机的制造和试验储备高素质的人才。（　　）

4. 2002年开始，我国航空工业企业在研制支线飞机上从转包飞机零部件到承担国外整机总装生产，加强了国际合作。（　　）

5. 天津市和中央有关部门对空客公司考察天津时提出的430条问题的答案非常完备，受到空客方高度称赞。（　　）

6. 有学者描述，A320飞机总装线项目作为我国高水平的现代制造业和研发转化基地，为环渤海经济振兴，发挥辐射带动作用提供了一个机遇。（　　）

7. A320系列飞机总装线项目由天津骨干企业作为主要投资方的中方企业联合体，将与空客公司组建独立法人的合资公司进行商务谈判，并于今年内开工。（　　）

8. 在合资组装A320系列飞机方面，中方与空客公司实行风险共担，成果共享。（　　）

二、回答问题：

1. 中国在造大飞机方面迈"两条腿"指的是什么？
2. A320系列飞机总装线项目场地具有哪些面的综合优势？
3. 在合资组装A320系列飞机方面，中方在航空产业体制机制上进行了什么新的尝试？

第十单元　载人航天

弘扬伟大的载人航天精神

洪彤彤

11月26日,中共中央、国务院和中央军委在京举行大会,隆重庆祝神舟六号载人航天飞行圆满成功,胡锦涛总书记在会上发表重要讲话,将载人航天精神高度概括为:热爱祖国、为国争光的坚定信念;勇于登攀、敢于超越的进取意识;科学求实、严肃认真的工作作风;同舟共济、团结协作的大局观念和淡泊名利、默默奉献的崇高品质。

这一概括,深化了我们对载人航天精神的理解。神舟六号载人航天飞行的圆满成功,标志着中国载人航天技术达到了一个新高度,实现了在尖端科技领域中的跨越式发展。载人航天精神必将成为中华民族复兴伟业的强大动力。神舟六号载人航天飞行的成功,是中国综合国力不断提高的标志,是中国现代化建设不断取得新进展的象征。航天事业的发展,离不开一定的经济基础和科技实力,航天奇迹的创造,更需要巨大精神力量的推动。正是在载人航天工程的艰苦实践中,在挑战世界尖端科技领域的艰难征程中,中国航天工作者铸就了"特别能吃苦、特别能战斗、特别能攻关、特别能奉献"的载人航天精神。载人航天精神，是中国航天人攻坚克难、不断进步的强大动力，是中华民族的宝贵精神财富。

"特别能吃苦"，是中国航天人艰苦奋斗的真实写照。中国的航天事业，从无到有、从小到大，每一步发展都凝聚着航天人的巨大付出。在荒漠戈壁，在浩瀚海洋，航天人筚路蓝缕，艰苦创业；在科研院所，在试验基地，航天人迎难而上，苦战攻关；在飞船座舱，在广袤苍穹，航天人运筹帷幄，决胜千里。可以说，没有航天人的以苦为荣、以苦为乐、埋头苦干，就没有航天事业的"苦尽甘来"。

"特别能战斗"，是中国航天人攻无不克的真实写照。中国航天人是一支敢打硬仗、善打硬仗的队伍，面对困难，他们披荆斩棘、所向披靡；面对挫折，他们勇往直前、义无反顾。为了成就中国的载人航天事业，他们不畏艰险，顽强拼搏，取得了一个又一个的伟大胜利。

"特别能攻关"，是中国航天人探索创新的真实写照。载人航天科技，是当代科技的制高点之一，是当代科技的前沿阵地。中国航天人脚踏实地，团结协作，勇于探索，大胆创新，在尖端科技领域斩关夺隘，高奏凯歌。在创新的征途上，攻关、攻关、再攻关，这就是航天人不断攀上一个又一个科技制高点的垫脚石。

"特别能奉献"，是中国航天人忘我牺牲的真实写照。为了成就载人航天飞行的伟大事业，中国航天人无私奉献、默默耕耘，他们不求名利地位，不计个人得失，慷慨地奉献了自己的青春年华、聪明才智甚至宝贵生命。这种崇高的无私奉献精神，是中国载人航天飞行事业取得成功的基本条件。

载人航天精神，是"两弹一星"精神的传承，是伟大民族精神的升华。大力弘扬载人航天精神，就是要在全面建设小康社会、加快改革开放和现代化建设的道路上，以一流的精神状态、一流的工作标准、一流的工作作风和一流的工作成效，积极推进有中国特色的社会主义事业向前发展，全面贯彻落实十六届五中全会精神，齐心协力，扎实工作，为完成"十一五"规划提出的各项任务而努力奋斗。

（选自 2005 年 11 月 28 日《光明日报》）

生 词

1. 隆重	(形)	lóngzhòng	grand; ceremonious; solemn
2. 概括	(动)	gàikuò	sum up in broad outline; briefly
3. 登攀	(动)	dēngpān	climb; fear neither hardship nor danger and keep forging ahead
4. 同舟共济		tóng zhōu gòng jì	be in the same boat; cross a river in the same boat
5. 淡泊	(形)	dànbó	not seek fame and wealth;
6. 默默奉献		mòmò fèngxiàn	contribute in silence
7. 尖端	(形)	jiānduān	fronage; the most advanced; sophisticated
8. 伟业	(名)	wěiyè	great cause
9. 铸就	(动)	zhùjiù	trian and bring up
10. 攻关	(动)	gōngguān	tackle key problem
11. 凝聚	(动)	níngjù	agglomerate; agglomeration; coacervation
12. 戈壁	(名)	gēbì	desert
13. 浩瀚	(形)	hàohàn	expansion; immensity; voluminousness
14. 荜路蓝缕		bìlù lánlǚ	endure great hardships in pioneer work
15. 座舱	(名)	zuòcāng	cabin
16. 广袤	(形)	guǎngmào	length and breadth of land; vast and bare

17. 苍穹	（名）	cāngqióng	welkin
18. 运筹帷幄		yùnchóu wéiwò	devise strategies within a command tent
19. 决胜	（动）	juéshèng	determine the victory
20. 苦尽甘来		kǔ jìn gān lái	the bitterness ends and the sweetness begins
21. 披荆斩棘		pī jīng zhǎn jí	hack one's way through difficulties
22. 所向披靡		suǒ xiàng pīmǐ	be invincible; be irresistible; break all enemy resistance
23. 义无反顾		yì wú fǎn gù	honour permits no turning back
24. 脚踏实地		jiǎo tà shí dì	down-to-earth
25. 斩关夺隘		zhǎn guān duó ài	sarmount hardships and defeat opponents to achieve one's goal
26. 垫脚石	（名）	diànjiǎoshí	stepping-stone
27. 慷慨	（形）	kāngkǎi	vehement; fervent

练 习

一、选择正确答案：

1. 胡锦涛总书记对载人航天精神进行了高度概括，内容涉及到了（ ）

  A. 信念和意识   B. 作风和观念

  C. 品质   D. 包括以上三者

2. 在载人航天精神中没有提到的是（　　）
   A. 特别能吃苦、特别能战斗
   B. 特别能攻关、特别能奉献
   C. 特别能学习、特别能节省
   D. 包括 A 和 B

3. 神舟六号载人航天飞行的圆满成功，标志着以下几点，其中不正确的是（　　）
   A. 中国载人航天技术达到了一个新高度
   B. 实现了尖端科技领域中的跨越式发展
   C. 中国综合国力的不断提高
   D. 中华民族复兴伟业的成功

4. 下面哪一点体现了中国航天人的探索创新精神？（　　）
   A. 特别能吃苦   B. 特别能战斗
   C. 特别能攻关   D. 特别能奉献

5. 中国航天工作者在什么环境下铸就了载人航天精神？（　　）
   A. 在载人航天工程的艰苦实践中
   B. 在挑战世界尖端科技领域的艰难征程中
   C. 加快改革开放和现代化建设的道路上
   D. 只包括 A 和 B

二、判断正误：

1. 神舟六号载人航天飞行的圆满成功，使中国载人航天技术达到了一个新高度，标志着中国在尖端科技领域中实现了跨越式发展。（　　）
2. 中国航天工作者的"特别能吃苦、特别能战斗、特别能攻关、特别能奉献"的品质造就了载人航天精神的内涵。（　　）
3. 中华民族的宝贵精神财富就是载人航天精神，是中国航天人攻坚克难、不断进步的强大动力。（　　）
4. 中国的航天事业，是从无到有、从小到大发展壮大起来的，可以说，没有航天人的以荣为苦、以苦为乐、埋头苦干，就没有航天事业的今天。（　　）
5. 在创新的征途上，攻关、攻关、再攻关成为航天人不断攀上一个又

一个科技制高点的垫脚石。（   ）

6. 中国航天人崇高的无私奉献精神，是中国载人航天飞行事业成功的基本条件。（   ）

7. "两弹一星"精神传承了载人航天精神，它升华了伟大的中华民族精神。（   ）

8. 大力弘扬载人航天精神，就是要以"四个一流"积极推进中国特色社会主义事业向前发展，为完成"十一五"规划提出的各项任务而努力奋斗。（   ）

自主创新圆了中国人的飞天梦

廖文根

两次载人航天飞行，在浩瀚太空确立了中国人的位置；一次次飞天壮举，向世界证明了中国自主创新的实力。

"起步虽晚，但是起点不能低"

我国的载人航天工程起步之时，距离前苏联加加林上天已经过去了30多年。

"起步虽晚，但是起点不能低！""要坚持做到起步虽晚但起点要高，从总体上体现中国特色和技术进步，走跨越式发展的道路。"20世纪90年代初，中国科技工作者就立下了这样的誓言。

但是，"跨越式发展"谈何容易。尽管国外载人航天技术非常成熟，但是，在国际间高科技高度封锁的情况下，中国发展载人航天没有任何捷径可走，只有自主创新。

"如果不创造性地前进，40年的差距，什么时候才能赶上?!"中国载人航天工程总设计师王永志说。

创新无处不在。人们惊喜地发现，从一开始，中国的飞船就跟别人的长得不一样，它有三个舱——推进舱、返回舱、轨道舱，而且具有更先进、更完善的逃逸和救生系统。在把航天员送上天之前，别人总是先让猴子去体验太空之旅，但中国的猴子却没有这么幸运。"不进行大动物试验就上人，这是不是太冒失?"有人问。"我们的办法更科学!"王永志的胸有成竹在于，我国创新性地在飞船内设立了"拟人代谢装置"。这种能像人一样呼吸、吸入氧气、排出二氧化碳的"模拟人"比猴子可信得多。经过无人飞船连续几次的试验，我们的飞船完全可以达到3人飞行7天的供氧要求和其他生存条件。

"要跨越发展，就不能墨守成规"

自主创新何止飞船一家，载人航天由七大系统组成，无论是火箭改进、轨道控制、回收、空间应用技术到测控通信，还是航天员训练、发射场和着陆场等方案论证设计，我国科学家都瞄准世界先进技术，确保工程一起步就有强劲的后发优势，关键技术能与世界先进水平并驾齐驱，局部还有所超越。

"要跨越发展，就不能墨守成规，跟在别人的后面亦步亦趋。"王永志说。正是依靠不断的自主创新，我国科技工作者突破了一个又一个被国际宇航界公认的尖端课题，掌握了一个又一个具有自主知识产权的核心技术。

2003年10月15日，中华民族千年飞天梦想终于变成现实。而杨利伟近乎完美的飞天之旅，为中国载人航天工程的第一步画上了一个圆满的句号。正是这第一步，为中国人飞天搭建起牢固的天梯。

"从神五到神六，中国载人航天工程实现质的飞跃"

2005年10月12日，全球的目光见证了一个新的历史事件：中国将两名航天员成功送上太空。

同在金秋时节，场面同样壮观，当中国航天员的风采再次被人们定格时，作为中国第二次载人航天飞行试验，神舟六号也被中国迈向太空的历史所定格：它是中国第一次真正意义上的有人参与的空间科学试验，是中国载人航天向前走的关键一战。

"从神舟五号到神舟六号，中国

的载人航天工程实现了更高层次上的跨越，甚至可以说是质的飞跃。"中国载人航天工程负责人说。这是因为，与神舟五号相比，神舟六号要实现太多的"第一次"：航天员第一次进入轨道舱并在其中生活和工作，第一次进行有人参与的空间科学和技术试验，第一次对飞船载人环境、特别是环境控制和生命保障能力进行大负荷、长时间的考核，第一次获取人在太空较长时间生活和工作的宝贵医学和工程数据……

"攀登天梯的每一步都是极其艰难的历程"

"攀登天梯的每一步都是极其艰难的历程，要实现这种跨越面临巨大挑战。"虽然神舟六号的飞行近乎完美，但是谈起神舟六号，中国载人航天工程副总设计师周建平的表情并不轻松。

最直接的挑战是资源问题。从"一人一天"到"二人五天"，神舟六号整船质量、返回质量、逃逸质量以及供电、供氧、供气和除湿等负荷都明显增加。在太空微重力环境下，要让航天员正常地生活和工作，安全便利地吃、喝、拉、撒、睡，准确地完成对飞船的操作以及各项科学和技术试验，这对中国的科技工作者来说都是全新的内容，而这些技术状态的变化，很多是在地面试验中难以甚至根本无法直接验证的。

用忠诚和智慧，中国的科技工作者续写着自主创新的凯歌——前前后后，工程总体和各系统对飞船、火箭进行的技术改进和创新有187项，对发射场、着陆场和测控通信网的优化完善有十几个方面，对火箭和飞船飞行制定了160多种故障预案。几十个专家组对技术状态更改的正确性进行了全面复核复算。正是这些创新成果的集成，为神舟六号飞行圆满成功奠定了坚实的基础。

"神舟六号载人航天飞行的圆满成功，标志着我国已经掌握了飞船较长时间在轨载人飞行技术，神舟飞船和长征二号F运载火箭作为当今世界在役的两种载人飞船和运载火箭，其技术性能、功能和可靠性达到了国际先进水平。"周建平说："它也告诉世界，这些'花多少钱也买不来的'尖端技术和产品都是我们自主创新的成果，是中国制造！"

（选自2006年1月5日《人民日报·海外版》）

生 词

1. 载人	（动）	zàirén	manned
2. 航天	（动）	hángtiān	spaceflight；aerospace；spacefaring
3. 太空	（名）	tàikōng	the outer space
4. 壮举	（名）	zhuàngjǔ	feat
5. 誓言	（名）	shìyán	asseveration；sacrament；oath；parole
6. 封锁	（动）	fēngsuǒ	blockade；block；seal off
7. 绝缘	（动）	juéyuán	insulation
8. 捷径	（名）	jiéjìng	crosscut；easy way；shortcut
9. 飞船	（名）	fēichuán	airship；flying boat
10. 舱	（名）	cāng	cabin
11. 轨道舱	（名）	guǐdàocāng	orbit-control module
12. 逃逸	（动）	táoyì	escape；run away；abscond
13. 救生	（动）	jiùshēng	lifesaving
14. 航天员	（名）	hángtiānyuán	astronaut
15. 猴子	（名）	hóuzi	monkey
16. 胸有成竹		xiōngyǒuchéngzhú	to have a well-thought-out plan beforehand；have a card up one's sleeves；have a contrivance ready
17. 拟人	（动）	nǐrén	impersonate；personification

18. 氧气	（名）	yǎngqì	oxygen
19. 二氧化碳	（名）	èryǎnghuàtàn	carbon dioxideCo2
20. 墨守成规		mò shǒu chéng guī	stick to conventions
21. 测控	（动）	cèkòng	observe and control
22. 瞄准	（动）	miáozhǔn	take aim at; train on; aim (level) a gun at
23. 后发优势	（名）	hòufāyōushì	last-mover advantage
24. 并驾齐驱		bìng jià qí qū	keep pace with; keep up with; keep abreast of
25. 亦步亦趋		yì bù yì qū	tread in sb's steps; ape sb. at every step; imitate sb.'s every move
26. 宇航界	（名）	yǔhángjiè	universe and space industry
27. 尖端	（名）	jiánduān	fronage; the most advanced; sophisticated
28. 知识产权		zhīshi chǎnquán	intellectual property rights
29. 核心技术		héxīn jìshù	core technology
30. 壮观	（形）	zhuàngguān	grand sight; magnificent sight
31. 风采	（名）	fēngcǎi	elegant demeanor; graceful bearing
32. 定格	（动）	dìnggé	fix
33. 负荷	（动）	fùhè	load; panier
34. 攀登	（动）	pāndēng	fear neither hardship nor danger and keepforginahead
35. 微重力	（名）	wēizhònglì	microgravity
36. 验证	（动）	yànzhèng	experimental verification

37. 凯歌	（名）	kǎigē	a song of triumph
38. 故障	（名）	gùzhàng	breakdown; trouble; malfunction; fault; failure
39. 预案	（名）	yù'àn	plan or means worked out in advance
40. 集成	（动）	jíchéng	integration
41. 奠定	（动）	diàndìng	establish; settle
42. 运载火箭		yùnzài huǒjiàn	launch vehicle; carrier rocket

专　名

1. 加加林	Jiājiālín	name of a person
2. 王永志	Wáng Yǒngzhì	name of a person
3. 杨利伟	Yáng Lìwěi	name of a person
4. 神五	Shénwǔ	Shenzhou V spacecraft
5. 神六	Shénliù	Shenzhou VI spacecraft
6. 长征二号	Chángzhēng Èrhào	LM-2E

练　习

一、判断正误：

1. 两次载人航天飞行，向世界证明了中国自主创新的实力。（　　）
2. 20世纪90年代初，中国科技工作者立下誓言：载人航天工程总体上要体现中国特色和技术进步，走跨越式发展的道路。（　　）
3. 由于载人航天工程属于尖端技术，所以中国发展载人航天没有任何捷径可走，只有自主创新。（　　）
4. 从一开始，中国的飞船就跟别人的长得不一样，它有三个舱，而且

设备比起别国来更先进、更完善。（　　）

5. "拟人代谢装置"实际上是一种"模拟人"，能像人一样呼吸，吸入氧气、排出二氧化碳，实验结果比猴子可信得多。（　　）

6. 载人航天由七大系统组成，其设计全都瞄准世界先进技术，确保了工程的关键技术能超越世界先进水平。（　　）

7. 在被国际宇航界公认的尖端课题面前，我国科技工作者攻克了一个又一个难题，掌握了一个又一个具有自主知识产权的核心技术。（　　）

8. 杨利伟完美的飞天之旅为中国载人航天工程的第一步画上了一个圆满的句号，这将使中华民族千年的飞天梦想变成现实。（　　）

9. 中国第一次真正意义上的有人参与的空间科学试验，应该是神舟六号的载人航天飞行试验。（　　）

10. 神舟六号飞船的操作以及各项科学和技术试验，对中国的科技工作者来说都是全新的内容，而且，很多技术状态的变化无法在地面试验中直接得到验证。（　　）

11. 作为当今世界在役的两种载人飞船和运载火箭的神舟飞船和长征二号F运载火箭，其技术性能、功能和可靠性均已达到了国际先进水平。（　　）

12. 周建平认为，这些中国的尖端技术和产品，是花多少钱也买不来的，因为都是我们自主创新的成果。（　　）

二、解释句中画线词语的意思：

1. 一次次飞天<u>壮举</u>，向世界证明了中国<u>自主创新</u>的实力。
2. "<u>跨越式发展</u>"谈何容易。
3. 王永志的<u>胸有成竹</u>在于，我国创新性地在飞船内设立了"拟人代谢装置"。
4. 要跨越发展，就不能<u>墨守成规</u>，跟在别人的后面<u>亦步亦趋</u>。
5. 我国科技工作者突破了一个又一个被国际宇航界公认的<u>尖端课题</u>，掌握了一个又一个具有自主<u>知识产权</u>的<u>核心技术</u>。
6. 我国科学家都瞄准世界先进技术，确保工程一起步就有强劲的<u>后发优势</u>，关键技术能与世界先进水平<u>并驾齐驱</u>，局部还有所超越。

第十一单元　出入境与户籍制度

海关总署监管司负责人接受本报记者采访——

空港进出境旅客申报制度三大变化

罗　兰

自7月1日起，海关将对空港进出境的所有旅客实行新的申报制度。为什么要进行此次改革？改革后旅客进出境时有什么变化？会不会影响通关速度？海关总署监管司负责人回答了记者的提问。

■ 进出境旅客均需书面申报

问：7月1日起海关实行旅客申报制度改革后，主要有哪些变化？

答：海关实行的旅客申报制度改革，要求从空港进出境的旅客，一律填写《中华人民共和国海关进/出境旅客行李物品申报单》（以下称《申报单》），向海关申报。此次改革主要带来三点变化：

一是所有进出境旅客都需要向海关书面申报。7月1日起，从航空口岸进出境的旅客，除按规定享有免验和海关免于监管的人员以及随同成人旅行的16周岁以下旅客以外，均应填写《申报单》，并将填写好的《申报单》在海关申报台前递交给海关关员。书面申报是旅客申报的唯一形式。二是进出境旅客申报的内容和项目不同。三是明确了进境旅客行李物品免税限值。对旅客携带进境的物品,由过去的限值、限量结合的管理方式调整为具体限值管理方式,即居民旅客可免税带进价值人民币5000元以内的在境外获取的自用物品,非居民旅客可免税带进价值为人民币2000元以内的拟留在中国境内的自用物品。

■ 实现旅客通关程序国际化

问:此次改革的目的有哪些?

答:这次改革旅客申报制度的目的,概括起来有五点:一是维护国家政治、经济、文化和生物安全。二是使海关更好地依法行政。三是进一步整合口岸有限资源,提高口岸管理能力和效率。旅客携带动植物及其产品只需向海关作出一次性书面申报,简化了申报手续,方便旅客快速通关。四是较好地保障进出境旅客的合法权利,避免产生法律纠纷。进出境旅客通过填写《申报单》,充分了解了海关有关规定,明确了自己的权利和义务,减少了执法争议;五是与国际通行做法相接轨,实现旅客通关程序的国际化。其中,使进出境旅客明确权利、义务,树立依法申报、依法纳

税的意识非常重要。

■ 改革不会影响通关速度

问:一些人认为,改革使海关管理更加严格了,但担心会影响通关速度。

答:不是更严了,而是更规范了。此次旅客申报制度改革主要为适应形势发展需要,按照国外海关通行做法,统一和规范申报方式,将过去"书面申报"和"行为申报"两种申报方式合并为一种申报方式,而不是比以前管严了,更不是要人人过筛。

为做好此次旅客申报制度改革,避免影响旅客通关速度,海关在方便旅客填写《申报单》方面做了大量准备工作,要求各航空公司、民航售票点和旅行社提前为进出境旅客发放《申报单》,使绝大多数旅客在进入海关旅检现场前填写完毕《申报单》。应该说,只要旅客正确、如实填写,对通关速度的影响不大。

问:一些人认为居民旅客携带进境5000元免税限值的标准过低,你怎么看?

答:首先要强调的是,依法纳税是每个公民的义务。其次,海关对居民旅客携带进境物品免税限值5000元的标准,是根据近年来我国改革开放形势的发展需要,同时参

考了国际上一些国家的标准而确定的，与其他国家相比，这个标准是相对偏高的。如世界海关组织《关于简化和协调海关制度的国际公约》专项附约规定，进境旅客免税限值为75特别提款权（约合人民币925元），马来西亚进境旅客免税限值为200马币（约合人民币600元），韩国为400美元，加拿大为60加元，澳大利亚为400澳元，美国为800美元，大多低于我们的标准。

问：作为普通旅客有什么需要特别注意的？

答：此次旅客申报制度改革后，进出境旅客应按照规定填写《申报单》，向海关书面申报。另外，为方便快速通关，进境旅客应在飞机上索取《申报单》，并在进境前填写完毕，出境旅客则应在售票点或旅行社提前索要《申报单》，在出境前填写完毕。

■ 各项准备工作已经就绪

问：为了改革的顺利实行，海关做了哪些准备？目前进展情况如何？

答：为确保此次改革顺利实行，海关主要做了以下几方面工作：

旅客申报制度改革，要求海关旅检现场进行适当改造和调整。目前旅检现场改造工作已经基本完成。旅客书面申报后，海关旅检现场将相应增设申报台，配备关员，接受旅客申报。目前海关已充实了现场一线人员，确保7月1日旅客申报制度改革实行后，所有岗位均有工作人员到位。

第一批中、英文版本《申报单》已全部印制完毕，并发送到各地海关，各地海关正在分送到有关航空公司、旅行社和售票点等，以便提前发给进出境旅客，方便旅客填写。

（2005年6月30日《人民日报·海外版》）

生　词

| 1. 总署 | （名） | zǒngshǔ | General Office |
| 2. 采访 | （动） | cǎifǎng | gcover; interview |

3. 空港	（名）	kōnggǎng	air harbour
4. 填写	（动）	tiánxiě	fill in; write
5. 口岸	（名）	kǒu'àn	port
6. 享有	（动）	xiǎngyǒu	take
7. 免验	（动）	miǎnyàn	exempt from inspecti on; inspection-free
8. 随同	（动）	suítóng	be accompanying
9. 递交	（动）	dìjiāo	hand over; present
10. 关员	（名）	guānyuán	Customs official
11. 免税		miǎn shuì	custom; tariff; impost
12. 限值	（动）	xiànzhí	value in limit
13. 携带	（动）	xiédài	carry; bring
14. 依法行政		yīfǎ xíngzhèng	administartion
15. 整合	（动）	zhěnghé	conformity
16. 简化	（动）	jiǎnhuà	predigest
17. 纠纷	（名）	jiūfēn	dispute
18. 争议	（动、名）	zhēngyì	dispute
19. 纳税		nà shuì	ratepaying
20. 旅检	（动）	lǚjiǎn	go through the Customs
21. 索取	（动）	suǒqǔ	ask for; demand
22. 就绪	（动）	jiùxù	be in order; be ready
23. 增设	（动）	zēngshè	establish an additional or new (organization, unit, ect.)
24. 配备	（动）	pèibèi	allocate; fit out; equip
25. 一线人员		yīxiàn rényuán	a gleam of

练 习

一、根据课文内容填空：

1. 自_____起，海关将对空港进出境的所有旅客实行新的_____制度。海关总署监管司负责人回答了记者的_____个提问。

2. 海关实行的旅客申报制度改革，要求从空港进出境的旅客，一律填写_____，向海关申报。此次改革主要带来三点变化：
   一是_____；
   二是_____；
   三是_____。

3. 这次改革旅客申报制度的目的，概括起来有五点：
   一是_____；
   二是_____；
   三是_____；
   四是_____；
   五是_____。
   其中非常重要的是：_____。

4. _____是每个公民的义务。海关对居民旅客携带进境物品的免税限值为_____元人民币。

二、判断正误：

1. 自7月1日起，海关将对空港进出境的所有旅客实行新的申报制度，为此，海关总署监管司负责人就相关的问题回答了记者的提问。（   ）

2. 海关实行的旅客申报制度改革，要求从空港进出境的旅客，一律填写申报单向海关申报。（   ）

3. 改革明确规定了居民旅客可免税带进价值人民币5000元以内的在境外获取的自用物品。（   ）

4. 非居民旅客可免税带进价值人民币2000元以内的任何物品。（   ）

5. 旅客申报制度改革统一和规范了申报方式，把两种申报方式减为一种申报方式，而且不搞人人过筛。（　　）
6. 为不影响旅客通关速度，海关要求各航空公司、民航售票点和旅行社提前为进出境旅客填写好《申报单》。（　　）
7. 海关总署监管司负责人认为，海关对居民旅客携带进境物品免税限值5000元的标准，与其他国家相比，这个标准是相对偏高的。（　　）
8. 为了确保7月1日旅客申报制度改革顺利展开，海关充实了现场一线人员，以使所有岗位均有工作人员到位。（　　）

"绿卡"制度是户籍制度改革的必要过渡

在不同人眼中，同样的事物总是呈现出差异，这似乎是大千世界的奇妙之处。不久前，中央财经领导小组办公室副主任刘鹤建议，可以在人口比较集中的大城市尝试推行绿卡制度，进城务工人员如果在一个城市工作达到一定年限并有正式职业的，就可以逐步获得这个城市的居住资格。此言一出，就有人提出批评，认为这种所谓绿卡制度显示出城市的傲慢和对外地人的歧视，户籍上设置不同标识意味着附于其上的政治与社会权利的不平等。

在理想的乌托邦里，人人平等、共享富足，但真实生活却并非如此。我国从20世纪

50年代建立了户籍制度。凡是异地迁移户口的，必须取得接收地区劳动人事主管部门批准。异地调动、子女教育、医疗卫生、劳动就业等等，都或多或少地要受到户籍制度的限制，人们甚至会把异地夫妻团聚当作天大的喜事来庆祝。外地人想要入户北京，必须先取得劳动人事主管部门的进京指标，否则，只能漂在北京。

同在中华人民共和国宪法的庇护下，国人待遇有如此重大差别，这不能不说是一件憾事。究其原因，地区和城乡之间的重大差异才是户籍制度得以生存的土壤。户籍制度只是一种法律制度，只是地区、城乡之间客观差异的某种表达方式。如果地区和城乡之间差异依旧，即使取消户籍制度，也无法根除地区和城乡之间重大差异的根源。我国20世纪50年代宪法曾经明确规定人民有迁徙自由，但国人并没有因为获得迁徙自由而摆脱贫困，涌入城市的人们没有得到更好的就业、升迁和受教育的机会。在农业机械化程度相对低下的环境下，农业人口过量地进入城市，难免影响到逐渐恢复的农业生产。当然，我国当时实施的计划经济政策也深刻地影响着人口迁移政策，这更使得户籍制度逐渐成为百姓生活的组成部分。现行宪法没有规定人民的迁徙自由，地区和城乡差异依然很大，但随着农业结构和农业生产方式的改变，数以亿计的农民工再次涌入城市。他们在给城市发展带来巨大压力的同时，也对城市和国家的经济发展作出了非凡贡献，从而引发了如何评估农民工的地位和人民迁徙自由的问题。

毫无疑问，户籍制度正在逐渐显现出更多弊端，尤其是随着人们法治观念和平等意识的加强，各界对现有户籍制度带来的不公平问题有了更清晰的认识。在事实上，户籍制度和绿卡制度确实包含着某种差别对待，而类似的差别待遇在任何国家似乎都是屡见不鲜的。美国采取联邦制，各州都具有比较高的自治权力，各州居民税收负担有所差异，州立法甚至也存在着对外州人的差别对待。我国省、直辖市人大拥有地方立法权，自治区立法机关拥有更高的立法权。我国设立经济特区时，同样存在着特区内和特区外的差异。种种迹象表明，地区自治程度越高，城乡和地区差异越大，也越容易出现政策上的差异待遇。

我们承认自己正处于追求平等理想的过程中,这也就意味着我们同时承认还存在现实的不平等。在我看来,追求完全平等只是乌托邦式的想象,追求形式平等根本无法改变现实存在的地区和城乡差异。改变既有户籍制度是最终选择,但户籍制度赖以生存的经济、法律和社会环境没有重大改变,我们还没有寻求到一个替代户籍制度、实现社会平稳的形式。这时,尝试采用工作居住制度或者居住资格制度,也不失为一种有益的过渡方式。北京市日前出台了《关于实施北京市工作居住证制度的若干意见》,规定持有北京市工作居住证的外地人可以按规定购买经济适用房,购买商品房和二手房无须额外支付手续费等。这个地方政策刚刚出台,就得到不少外地人的赞赏。我相信,类似方式未必最为完满,但毕竟意味着我们正在走上逐渐弱化、取消户籍制度的理想道路。

(选自2006年3月23日《北京青年报》)

生　词

1. 户籍	（名）	hùjí	registered permanent residence
2. 过渡	（动）	guòdù	transition
3. 呈现	（动）	chéngxiàn	take on; appear; emerge
4. 差异	（名）	chāyì	difference
5. 大千世界		dàqiān shìjiè	the boundless universe
6. 推行	（动）	tuīxíng	push; carry on
7. 傲慢	（形）	àomàn	arrogant; haughty
8. 标识	（名）	biāoshí	mark; identificatio

9.	乌托邦	（名）	wūtuōbāng	Eutopia
10.	富足	（形）	fùzú	affluence
11.	迁移	（动）	qiānyí	move
12.	指标	（名）	zhǐbiāo	target aim; quota
13.	宪法	（名）	xiànfǎ	constitutio
14.	庇护	（动）	bìhù	protect; shelter
15.	迁徙	（动）	qiānxǐ	flight; migrate
16.	机械化	（动）	jīxièhuà	mechanisation
17.	法治	（名）	fǎzhì	law; nomocracy
18.	屡见不鲜		lǚ jiàn bù xiān	common occurance
19.	联邦制	（名）	liánbāngzhì	federal system; federalism
20.	自治	（动）	zìzhì	automomy; selfgovernment
21.	直辖市	（名）	zhíxiáshì	municipality directly under the central
22.	拥有	（动）	yōngyǒu	possess; have; own
23.	立法权	（名）	lìfǎquán	legislative
24.	经济特区		jīngjì tèqū	special economic region
25.	迹象	（名）	jìxiàng	evidence; hide
26.	商品房	（名）	shāngpǐnfáng	commercial housing
27.	二手房	（名）	èrshǒufáng	second-hand house; resold a apartment
28.	赞赏	（动）	zànshǎng	admiration
29.	完满	（形）	wánmǎn	perfect; perfection

练 习

一、选择正确答案：

1. 下面哪项叙述符合中央财经领导小组办公室副主任刘鹤提出的建议？（　　）

    A. 在人口比较集中的大城市尝试推行绿卡制度

    B. 在所有的城市里都推行绿卡制度

    C. 让所有进城务工人员获得城市的居住资格

    D. 让进城务工人员协商解决城市居住资格的问题

2. 有人对刘鹤的建议提出批评，认为"绿卡制度"是（　　）

    A. 城市的傲慢和对外地人的歧视

    B. 政治与社会权利的不平等

    C. 理想的乌托邦

    D. 只包括 A 和 B

3. 作者对绿卡制度的态度是（　　）

    A. 理想的乌托邦　　　　　B. 一件憾事

    C. 不失为一种有益的过渡方式　　D. 天大的喜事

4. 同在中华人民共和国宪法的庇护下，国人待遇有重大差别，究其原因，作者认为是（　　）

    A. 宪法规定的

    B. 地区和城乡之间的重大差异

    C. 户籍制度造成的

    D. 理想的乌托邦

5. 下面哪项说明不符合课文的意思？（　　）

    A. 50 年代宪法曾经明确规定人民有迁徙自由

    B. 计划经济政策深刻地影响着人口迁移政策

    C. 改革开放以来数以亿计的农民工再次涌入城市

    D. 取消户籍制度，地区、城乡之间的客观差异就会消除

6. 各界对现有户籍制度带来的不公平问题更清晰地认识到：（   ）
   A. 户籍制度和绿卡制度确实包含着对人的差别对待
   B. 差别待遇在任何国家似乎都是屡见不鲜的
   C. 城乡和地区差异越大，政策上的差异待遇就越大
   D. 包括以上三者

7. 作者认为要改变现实存在的地区和城乡差异，最终的选择是（   ）
   A. 追求完全平等   B. 追求形式平等
   C. 改变既有户籍制度   D. 实现社会平稳过渡

8. 我们正在走上逐渐弱化、取消户籍制度的理想道路，但户籍制度改革的必要过渡是（   ）
   A. 尝试采用工作居住制度或者居住资格制度
   B. 实行城市准入制度
   C. 实现社会平稳过渡
   D. 取消户籍制度

二、判断正误：

1. 中央财经领导小组办公室副主任刘鹤建议在人口比较集中的大城市尝试推行绿卡制度，建议立即遭到别人的批评，认为这是城市的傲慢和对外地人的歧视。（   ）

2. 我国从20世纪50年代就建立了户籍制度，而异地迁移户口必须取得接收地区劳动人事主管部门的批准。（   ）

3. 虽然异地调动、子女教育、医疗卫生、劳动就业等问题都要受到户籍制度的限制，但办理户籍迁移并不困难。（   ）

4. 户籍制度只是地区、城乡之间客观差异的某种表达方式，现在即使取消户籍制度，也无法根除地区和城乡之间的重大差异。（   ）

5. 20世纪50年代，我国宪法曾经明确规定人民有迁徙自由，但是涌入城市的人们并没有得到更好的就业、升迁和受教育的机会。（   ）

6. 我国20世纪50年代实施的计划经济政策使得户籍制度逐渐成为百

姓生活的组成部分。（　　）

7. 现在地区和城乡差异依然很大，数以亿计的农民工再次涌入城市，这只会给城市的发展带来巨大的压力。（　　）

8. 随着人们法治观念和平等意识的加强，各界更清晰地认识到：差别待遇在任何国家都是屡见不鲜的，追求平等理想就意味着同时承认还存在现实的不平等。（　　）

9. 尝试采用工作居住制度或者居住资格制度，可以算得上是一种好的过渡方式。（　　）

10. 北京市日前出台了《关于实施北京市工作居住证制度的若干意见》，这个地方政策一出台，就得到不少外地人的赞赏。（　　）

第十二单元 学历反思与职业教育

让学历回归本位

曹建文

有关媒体最近刊发的两条消息颇为引人注目：一是日前在杭州市举办的多场高级人才招聘会上，博士学历不抵工作经验的现象屡屡可见。除了一些大专院校的教师岗位要求硕士或博士学位外，大多数岗位要求的仅仅是"大专以上学历，3年以上工作经验"。这样的标准让那些刚刚走出十年"寒窗"的高学历者大跌眼镜。二是一份对北京等全国58个城市的调查显示，由于民办高校学生比较务实，就业率明显高于普通高校。媒体上几乎同时出现的这两条消息，应该引起人们足够的深思。

在以往，有无学历，什么学校的学历背景，以及学历的高低，往往是用人单位招聘人员时取舍的先决条件乃至唯一条件。有些行业部门的招聘，甚至到了非名牌大学、非硕士博士"莫入"的程度。在这种偏重学历而忽视能力与绩效考察的唯学历风气影响下，一些人开始铤而走险，用制造假学历的"捷径"来谋得发展的机会，使"真的假学历"盛行；而另外有些人则利用手中的各种资源，通过"合法"的途径在不具备相关必备知识素养的条件下获得了正式的学历，使"假的真学历"泛滥。

其实，文凭不一定代表水平，学历更不一定代表能力。从本质上说，学历只不过是一个人在学校受教育的经历证明，它反映的是一个人在某个研究领域的知识储备和学术造诣。一个人学历高，只能代表这个人在他个人所探究的知识领域受到了较为系统的专业训练，并不就一定说明他能力强。因为将学历所包含的知识转化成能力，必须经过一个中介的、异常复杂的、个人难以控制的社会实践过程。在这一过程中，有些人表现出了较强的适应能力，从而达到"学历等于能力"的协同效应；当然也会有一部分人表现出某种不适应，导致出现"有学历无能力、有文凭无水平"的社会现象。

学历有时虽可作"敲门砖"，但绝非通向成功的唯一"阶梯"。出现"有学历无能力、有文凭无水平"现象除了个人适应能力方面的问题外，也与选人用人单位的工作缺乏科学性、定位不清、用人非其所长密切相关。具有一定学历背景的人往往只有在其所擅长的专业领域内才更能展示其能力。让研究基因工程的人去种田，让建筑设计专家去具体施工操作，让博士去教小学，其社会效应自然很难比得上擅长耕作的种田能手、建设工地的能工巧匠和经过严格师资培训的小学教员。

我们既要对学历特别是高学历的盲目崇拜进行深刻反思，卸除其所承载的过多功利性因素，同时也要排斥简单地否定学历的社会倾向，警惕"有学历无能力"论的蔓延，完成从单纯注重学历到既注重学历同时也注重实践经验和社会绩效的转变，实现从学历社会向能力本位社会的转型，从而真正营造出人尽其才、学有所为、学有所用的良好社会氛围。

（选自2005年11月2日《光明日报》）

生 词

1. 学历	（名）	xuélì		record of formal schooling; academinc credentials
2. 屡屡可见		lǚlǚ kějiàn		show hepeatedly
3. 寒窗	（名）	hánchuāng		poor condition for learning

4. 大跌眼镜		dà diē yǎnjìng	be dumbfounded/dumbstricken；make a wrong prediction
5. 民办高校		mínbàn gāoxiào	private college；peoplerun university
6. 务实	（形）	wùshí	deal with concrete matters relating to work
7. 取舍	（动）	qǔshě	accept or reject；make one's choice
8. 偏重	（动）	piānzhòng	overweight
9. 绩效	（名）	jìxiào	performance
10. 铤而走险		tǐng ér zǒu xiǎn	risk danger in desperation
11. 文凭	（名）	wénpíng	diploma
12. 造诣	（名）	zàoyì	attainments
13. 探究	（动）	tànjiū	probe into；make a thorough in quiry
14. 敲门砖	（名）	qiāoménzhuān	a brick picked up to knock on the door and thrown away when it has served its purpose-a stepping-stone to success
15. 阶梯	（名）	jiētī	aflight of stairs；ladder
16. 擅长	（动）	shàncháng	genius
17. 基因工程		jīyīn gōngchéng	genetic engineering
18. 耕作	（动）	gēngzuò	tillage；cultivation
19. 能工巧匠		néng gōng qiǎo jiàng	skillful artisans
20. 承载	（动）	chéngzài	bear the weight of

练 习

一、选择正确答案：

1. 有关媒体最近刊发的两条消息颇为引人注目，这两条消息涉及到的内容是（　　）
   A. 杭州高级人才招聘会和对北京等58个城市的调查报告
   B. "博士学历不抵工作经验"的现象屡屡可见
   C. 民办高校学生的就业率明显高于普通高校
   D. 只包括 B 和 C

2. 以往用人单位招聘人员时，把下面几条作为取舍的先决条件甚至是唯一条件，哪一条不属于其中？（　　）
   A. 有无学历　　　　　　　B. 学历背景
   C. 社会关系　　　　　　　D. 学历高低

3. 有些人利用手中的各种资源，通过"合法"的途径在不具备相关必备知识素养的条件下获得了正式的学历，这种现象被称为（　　）
   A. 真的假学历　　　　　　B. 假的真学历
   C. 重学历而忽视能力　　　D. 重能力而忽视学历

4. 作者对文凭、水平、学历、能力的看法是什么？（　　）
   A. 文凭不一定代表水平，学历更不一定代表能力
   B. 文凭一定代表水平，学历一定代表能力
   C. 文凭不代表水平，学历更不代表能力
   D. 文凭不一定代表水平，但学历一定代表能力

5. "让学历回归本位"，这里的"本位"指的是（　　）
   A. 对学历特别是高学历的盲目崇拜进行深刻反思
   B. 警惕"有学历无能力"论的蔓延
   C. 既注重学历同时也注重实践经验和社会绩效
   D. 营造出人尽其才、学有所为、学有所用的良好社会氛围

二、回答问题：

1. 有关媒体最近刊发的两条消息颇为引人注目，其中哪一条消息让那些刚刚走出十年"寒窗"的高学历者们大跌眼镜？为什么？
2. 作者如何看待文凭、水平、学历、能力之间的关系？
3. 为什么说学历有时虽可作"敲门砖"，但绝非通向成功的唯一"阶梯"？
4. 如何让学历正确回归本位？

反思高学历为取舍的社会导向

刘嘉恩

党的十六届五中全会指出：发展科技教育和壮大人才队伍，是提升国家竞争力的决定性因素。要深入实施科教兴国战略和人才强国战略，普及和巩固义务教育，大力发展职业教育，促进各级各类教育协调发展，建设学习型社会。

学历和人才问题现在已经成了一个社会性问题。撇开制造假学历不说，各行各业的人都在拼命地争取拿到一张高学历文凭。因为这在今天几乎是青年人在社会上的安身立命之本或者是通向发展进步阶梯的唯一通行证。有些行业部门的招工，甚至到了非名牌大学、非硕士"莫入"的程度。一个社会把学历抬到这样高的位置好不好呢？在我们这个13亿人口，其中近百分之七十的人在农村的大国，对大多数没有高学历的普通劳动者应该树立什么样的导向呢？

近年来，相当一部分家庭供不

起孩子读大学成了社会的焦点话题；许许多多的人因为没有条件取得更高的学历为就业和前途而苦恼；一些只需要中等文化程度的技术岗位人员匮乏，而多数大学生又不愿在普通劳动岗位上就业；不少有着高学历或洋学历的年轻人，或因学非所用或因待价而沽难以就业。凡此种种，都发出了一种信号，现阶段在社会用人上片面以高学历为取舍的导向，很值得反思。

一

改革开放以来，一大批受过高等教育，勇于创新的人才，为推动全面建设小康社会做出了突出的贡献。但是，国家发展的需要与现阶段教育的实际还存在较大的矛盾。在这种情况下，怎样实事求是地选拔和培养人才呢？邓小平同志早在20年前就讲过："要创造一种环境，使拔尖人才能够脱颖而出。改革就是要创造这种环境。人才是有的，不要因为他们不是全才，不是党员，没有学历，没有资历，就把人家埋没了。善于发现人才，团结人才，使用人才，是领导者成熟的主要标志之一。"这里说的"不是党员"和"没有资历"这两条已经基本解决了，而"没有学历"就不能重用这一条不但没有突破，甚至有愈演愈烈的趋势。

学历本来只是表明一个人受教育的程度或某个方面知识的储备，并不直接决定实践能力。作为社会文明发展的产物，现代教育与古代一榜定乾坤的科举制度的根本区别，就在于不是用僵死的态度对待人的价值。一个人在参与社会实践之前系统地学习一些科学文化知识固然很重要，但由于复杂的社会原因，许多人社会实践的起点没有建立在受过系统专业教育的基础上。在没有条件的情况下，边实践边学习或者先实践后学习，同样可以走上成功之路。

二

学历问题的实质是如何看待知识与实践的关系。研究基因工程的人才不能代替擅长耕作的种田能手，建筑设计专家也不能代替建设工地上的能工巧匠。尤其是在信息时代，高科技的迅猛发展，使知识的更新和实践的创新越来越融为一体。在金融产业和信息产业，借助计算机，一个年轻的操作员足以担当上一代人中需要高级管理人员和高级研究人员才能完成的工作；在工业领域，由于数控机床和自动生产线等的应用，一个普通工人创造的价值要数十倍、上百倍于过去的工程师；在农业上，玉米和杂交水稻优良品种的大面积推广，把偏僻地区的农民也推到了绿色革命的前沿。恩格斯在一百多年前就深刻指出，如果说"技术在很大程度上依赖于科学状况，那么科学却在更大得多的程度上依赖于技术的状况和需要。社会一旦有技术上的需要，这种需要就会比十所大学更能把科学推向前进"。因此，新形势下，我们强调重视知识、重视科学文化的作用，既要看到社会发展对普遍提高劳动者科技文化素质的要求，又不能把工人、农民和其他普通岗位上的人们的劳动创造与知识分子的贡献割裂开来。

三

现在，社会上弥漫着一种看不起工农、看不起普通劳动岗位的不良风气。这与片面强调学历的导向有很大关系。有些"理论家"撇开马克思的劳动价值论，随心所欲地解释知识经济，他们把经济发展中资本有机构成不断提高的现象，曲解为只有知识和管理创造价值。再加上社会分配中越来越大的差距，使知识的"热卖"和劳动的"贬值"都成了一种扭曲。在这种情况下，出现了许多不正常的现象，一方面大学培养的学生数量翻番地增长，另一方面边远偏僻地区急需补充人才的地方却没人愿意去。城市家庭的子弟只想进机关、进外企、当白领，宁可待业也不屈就；农村出来的学生，"宁做城市狗、不做乡下人"，绝不想再回农村。当社会上实际奉行只有拿到高学历才有价值，一个孩子只有读重点高中、念名牌大学，然后考研或出国留学才有出息，谁还会甘心做普通劳动者呢！

当今世界任何国家的人才结构都是金字塔形，真正搞尖端发明创造的是少数人，而要将发明创造通过生产和流通过程转化为社会需求，则是需要多数人的参与。美国是现代教育和科技最发达的国家，也是非常务实的国家，在三十多年前就普及了中等教育，目前高中考入大学的升学率达到近百分之七十。然而，就是在这种情况下，它却启动了面向21世纪的"美国新型高中项目"，为解决学生"既能升学，又能就业"探路。日本学者的研究表明，在信息化时代，企业的发展不完全是科技人员决定的，经过培训或受过良好教育的工人的建议，能使成本降低10%～30%。从我国经济社会发展所面对的人员文化结构看，目前我国人均受教育程度为7.8年，据中国科学院可持续研究组测算，即使到2050年也只能达到人均14年，总体上也就相当于现在的大专水平。因此，高科技领域创新人才不足和劳动力普遍缺乏相应培训的情况并存，特别是劳动就业人口每年新增两千万却无法安置的困难现实，要求我们在人才队伍建设上走务实发展的路子，在积极培养适应高科技发展的尖端人才的同时，应该格外重视传统产业改造所需要的技能培训，为数亿农村劳动力向城镇转移提供文化支持。这就需要在用人导向上，把片面强调大学学历，向区分不同岗位、以能力为主要标准，同等重视各种学历转变。

四

建设有中国特色的社会主义，决定了我们的现代化要始终关注全国有近九亿人是农民的国情，我们的教育和科技发展也必须从基础薄弱的实际出发。拿人口众多，受教育程度偏低这一条来说，简单地用高学历的用人标准看是发展的包袱，是应该丢掉的沉重负担。而换一个角度来看，通过调整教育资源，用加强中等和初等专业技能培训的办法促进劳动密集型产业发展，则是一笔巨大的财富。这里关键是要把"社会主义的建设事业必须依靠工人、农民和知识分子"的思想牢固树立起来，把"实现工业化和现代化还有很长的路要走"的思想牢固树立起来，把加快发展过程中的需要和可能、现实和长远、一致性和多样性统一起来。

从某种意义上说，社会的发展、科技的发展可以跨越，而人的生存和发展是不能跨越的。既然社会主义始终是一个为了多数人和依靠多数人的事业，我们就必须坚持能够从各方面调动最广大群众的积极性出发寻求发展的路径。笔者认为，在对待学历问题上，需要客观地定位现阶段经济社会发展的需求，实事求是地处理普及与提高的关系，把满足百姓就业需要和发展国家科技需要放在同等重要的位置，尤其要下大力办好九年义务教育和中等专业技术教育。既要提高这部分学历的含金量，又要确实给这种学历以社会尊重。同时不拘一格选拔人才，在学历和能力的关系上强化能力导向，打破片面以高学历为取舍的社会导向，处理好培养英才和培养普通劳动者的关系，使各类学校培养出来的学生,首先学会做一个合格的普通劳动者。

(选自 2005 年 10 月 17 日《中国青年报》)

生　词

1.	提升	（动）	tíshēng	promote
2.	实施	（动）	shíshī	put into effect
3.	科教兴国		kējiào xīngguó	revitalize China through sience and education
4.	撇开	（动）	piēkāi	leave aside；bypass
5.	安身立命		ān shēn lì mìng	settle down and get on with one's work
6.	通行证	（名）	tōngxíngzhèng	pass；permit；safe-conduct
7.	招工		zhāo gōng	advertise for workers
8.	苦恼	（形）	kǔnǎo	vexed；worried
9.	匮乏	（形）	kuìfá	short；deficient
10.	待价而沽		dài jià ér gū	wait to sell at a good price
11.	拔尖	（形）	bájiān	tiptop；top-notch
12.	脱颖而出		tuō yǐng ér chū	the point of an awl stiching out through a bag-talent revealing itself
13.	资历	（名）	zīlì	qualifications and record of service

14.	乾坤	（名）	qiánkūn	heaven and earth; the cosmos
15.	科举制度		kējǔ zhìdù	imperial examination system
16.	僵死	（动）	jiāngsǐ	dead; ossified
17.	数控机床		shùkòng jīchuáng	numerical controlled machinetool
18.	玉米	（名）	yùmǐ	maize
19.	杂交	（动）	zájiāo	hybridize; cross
20.	偏僻	（形）	piānpì	remote; out-of-the way
21.	割裂	（动）	gēliè	cut apart; separate
22.	弥漫	（动）	mímàn	fill the air
23.	随心所欲		suí xīn suǒ yù	follow one's inclinations
24.	曲解	（动）	qūjiě	misinterpret; twist
25.	贬值		biǎn zhí	devalue; devaluate
26.	屈就	（动）	qūjiù	condescend to take a post offered
27.	考研		kǎo yán	take the graduate school entrance exam
28.	金字塔	（名）	jīnzìtǎ	pyramid
29.	探路		tàn lù	explore the way
30.	不拘一格		bù jū yì gé	not stick to one pattern
31.	英才	（名）	yīngcái	a person of outstanding ability; a person of superior talents

练 习

一、判断正误：

1. 学历和人才问题现在已经成为社会性问题，因为今天高学历几乎是青年人的安身立命之本和通向发展进步阶梯的唯一通行证。（   ）

2. 改革开放以来，国家发展的需要与现阶段教育的实际矛盾，要求我们实事求是地选拔人才，并为人才的脱颖而出创造环境。（   ）

3. 学历不能决定实践能力，只是用来表明一个人受教育的程度或某个方面知识的储备。（   ）

4. 现代教育与古代的科举制度的根本区别，在于能否用现实和灵活的态度来对待人的价值，一个人不学习而通过实践同样可以走上成功之路。（   ）

5. 由于片面强调学历的导向，社会上弥漫着一种看不起工农、看不起普通劳动岗位的不良风气。（   ）

6. 一方面大学培养的学生数量翻番地增长，另一方面边远偏僻地区急需补充人才的地方却没人愿意去，在现代社会里这是一种很正常的现象。（   ）

7. 当今世界任何国家的人才结构都是金字塔形的，高级人才，搞尖端发明创造的人是少数，而大多数则为普通人才。（   ）

8. 日本学者的研究表明，在信息化时代，决定企业发展的不完全是科技人员，经过培训或受过良好教育的工人的建议也能使成本降低10%～30%。（   ）

9. 建设有中国特色的社会主义要求我们的现代化必须建立在九亿人是农民、教育和科技基础薄弱的国情基础上。（   ）

10. 换一个角度来看，如果通过调整教育资源，用加强中等和初等专业技能培训的办法来促进劳动密集型产业发展，那么人口众多，受教育程度低则成为一笔巨大的财富。（   ）

11. 从某种意义上说，人的生存和发展可以跨越，而社会的发展、科技的发展是不能跨越的。（　　）

12. 要打破片面以高学历为取舍的社会导向，处理好培养英才和培养普通劳动者的关系。（　　）

二、归纳段意：

1. 近年来，相当一部分家庭供不起孩子读大学成了社会的焦点话题；许许多多的人因为没有条件取得更高的学历为就业和前途而苦恼；一些只需要中等文化程度的技术岗位人员匮乏，而多数大学生又不愿在普通劳动岗位上就业；不少有着高学历或洋学历的年轻人，或因学非所用或因待价而沽难以就业。凡此种种，都发出了一种信号，现阶段在社会用人上片面以高学历为取舍的导向，很值得反思。

   这段话的意思是：＿＿＿＿＿＿＿＿＿＿＿＿＿

2. 一个人在参与社会实践之前系统地学习一些科学文化知识固然很重要，但由于复杂的社会原因，许多人社会实践的起点没有建立在受过系统专业教育的基础上。在没有条件的情况下，边实践边学习或者先实践后学习，同样可以走上成功之路。

   这段话的意思是：＿＿＿＿＿＿＿＿＿＿＿＿＿

3. 学历问题的实质是如何看待知识与实践的关系。研究基因工程的人才不能代替擅长耕作的种田能手，建筑设计专家也不能代替建设工地上的能工巧匠。尤其是在信息时代，高科技的迅猛发展，使知识的更新和实践的创新越来越融为一体。在金融产业和信息产业，借助计算机，一个年轻的操作员足以担当上一代人中需要高级管理人员和高级研究人员才能完成的工作；在工业领域，由于数控机床和自动生产线等的应用，一个普通工人创造的价值要数十倍、上百倍于过去的工程师；在农业上，玉米和杂交水稻优良品种的大面积推广，把偏僻地区的农民也推到了绿色革命的前沿。恩格斯在一百多年前就深刻指出，如果说"技术在很大程度上依赖于科学状况，那么科学却在更大得多的程度上依赖于技术的状况和需要。社会一旦有技术上的需要，这种需要就会比十所大学更能把科学推向前进"。因此，新形势下我们强调重视知识、重视科学文化的作用，既要看到社会发展对普遍提高劳动者科技文化素质的要求，又不能把工人、农民和其他普通岗位上人们的劳动创造，与知识分子的贡献割裂开来。

这段话的意思是：＿＿＿＿＿＿＿＿＿＿＿

职业教育关系核心竞争力

李 敏

当今世界，教育同产业的结合愈来愈密切，职业教育是教育事业中与经济社会发展联系最直接、最密切的部分，是把科学技术转化为现实生产力的桥梁。无论是发达国家还是新兴工业化国家，都把发展职业教育作为振兴经济、增强国力的战略选择。我国要更加有效地参与国际合作与竞争，切实提高产业和产品的竞争力，就必须大力推进职业教育。

技术工人是物化科技成果的主力

我国目前在生产一线的劳动者素质偏低和技能型人才紧缺的问题十分突出，现有技术工人只占全部工人的1/3左右，而且多数是初级工，技师和高级技师仅占4%，这已成为制约产业升级的主要因素。我国虽已是制造业大国，但还不是强国，主要问题是产业结构不合理，技术创新能力不强，这些都与从业人员技术素质偏低、高技能人才匮乏有很大关系。

综观各国对职业教育的重视程度，无不与该国的产业结构紧密相关。澳大利亚产业结构主要为高中端制造业，这需要技术精湛的从业人员，尤其是技术工人，他们是物化科技成果的主力。发达国家的产业工人基本都是技术工人，高级工占35%，中级工占50%，初级工占15%。瑞士、德国对职业教育，特别是中等职业教育极其重视。德国把职业教育看作是"战后经济腾飞的秘密武器"。

我国加入WTO后，要提高"中国制造"的竞争力，必须从源头抓起，重视和加快发展职业教育，培养数以千万计的高技能人才和数以亿计的高素质劳动者。

变人口压力为人力资源优势

从本质上讲，职业教育就是就业教育。我国职业教育的先驱黄炎培先生曾把职业教育的目的概括为："使无业者有业，使有业者乐业"。职业教育是面向人人的教育，它使更多的人能够找到适合于自己的发展空间，从而使教育事业关注人人成为可能。

目前，我国面临巨大的人口就业压力，全国城乡每年有1000多万初中毕业生不能升入高中，数百万高中毕业生不能升入大学；大型国有企业的1150万下岗工人需要进行转岗培训；现有的7亿多从业人员，需要学习新的手艺和技术；我国目前农村劳动力中，小学及以下文化水平者占38.2%，初中文化程度者占49.3%，受过专业技能培训者仅为9%。这些都迫切要求通过职业教育和培训来促进就业。这不但是社会稳定对职业教育的需求，更是把我国巨大的人口压力转化为人力资源优势的重要途径。应该看到，当前我国正在举办世界上最大规模的职业教育，政府决定到2010年招生规模达到800万人，与普通高中招生规模大体相当，并在"十一五"期间投入100亿元，大力发展职业教育。

发展职业教育也是体现社会公平，帮助困难群体摆脱贫困的重要措施。体现社会公平最主要的就是教育的公平，特别是对贫困家庭的孩子来说，教育是他们改变生活的重要途径。所以职业教育是维护整个国家、社会以及个人心理稳定的重要的因素,这正是构建和谐社会的内在必然要求。

从职业教育走向终身教育

竞争力最强的国家都有一个共同的特点,他们的国民素质高、劳动力训练有素而且机动灵活,拥有丰富的持续学习能力,而且职工的技能终身不断提高。从职业教育的特征及其在整个教育体系中的战略地位来看,发展职业教育减轻了我国"千军万马"争抢高考"独木桥"的压力,为素质教育的真正推行创造了条件。

国际职业教育发展趋势表明,现代职业教育已经从"终结性"转向"阶段性"和"终身性",从单纯满足"就业需求"走向"就业和创业并举",职业教育内涵从"职业预备教育"延伸拓展为"职业预备教育和升学预备教育"或"人生预备教育"。现代职业教育正在日益成为整个社会发展的基础,成为人类发展的重要手段和人生价值实现的重要途径。发达国家均在探讨如何建立和完善中等职业教育与高等职业教育相互衔接的机制,打通中等职业教育通向普通高等教育的路径,为职教学生提供继续接受高一级职业教育或普通教育的机会。

随着我国九年义务教育的普及,普及高中阶段教育的历史性任务提上了议事日程。现在高中阶段普及率是44%左右,要提高普及率,高中阶段教育就要有大的发展。这个任务光靠普通高中是完不成的,同时也不符合我国经济社会发展对技能型人才的要求。大力发展职业教育不仅为学生的就业提供服务,同时也为学生的终身教育,为整个国民素质和国家核心竞争力的不断提高奠定战略基础。

(选自2006年5月20日《人民日报·海外版》)

生　　词

1.	振兴	(动)	zhènxīng	develop vigorously
2.	紧缺	(形)	jǐnquē	in short supply; be short of; lack

3. 技师	（名）	jìshī		technician; technicist; technical expert
4. 制约	（动）	zhìyuē		restrict; govern
5. 综观	（动）	zōngguān		make a comprehensive survey
6. 精湛	（形）	jīngzhàn		masterly
7. 物化	（动）	wùhuà		pass away; change
8. 腾飞	（动）	téngfēi		lift-off; blast-off
9. 先驱	（名）	xiānqū		pioneer
10. 转岗		zhuǎn gǎng		change one's job
11. 手艺	（名）	shǒuyì		art; craftsmanship; workmanship
12. 相当	（动）	xiāngdāng		match; balance; correspond to; be equivalent to
13. 摆脱	（动）	bǎituō		break away; cast (shake, throw) off; get rid of
14. 训练有素		xùnliàn yǒusù		have received a regular and thorough training
15. 机动灵活		jīdòng línghuó		flexible and elastic
16. 千军万马		qiān jūn wàn mǎ		a large number of mounted and foot soldiers
17. 独木桥	（名）	dúmùqiáo		footlog; one-plank bridge; difficult path
18. 单纯	（形）	dānchún		simple; pure
19. 衔接	（动）	xiánjiē		join; link up
20. 职教	（名）	zhíjiào		vocational education

练 习

一、判断正误：

1. 无论是发达国家还是新兴工业化国家，为了振兴经济、增强国力，都把发展职业教育作为自己的战略选择。（　　）
2. 要大力推进职业教育，我国就必须积极参与国际合作与竞争，切实提高产业和产品的竞争力。（　　）
3. 我国目前在生产一线的劳动者素质偏低和技能型人才紧缺的问题已成为制约产业升级的主要因素。（　　）
4. 发达国家如瑞士、德国，都把职业教育看作经济腾飞的秘密武器。（　　）
5. 我国加入世贸后，必须要重视和加快发展职业教育，培养数以千万计的高技能人才和数以亿计的高素质劳动者，才能提高"中国制造"的竞争力。（　　）
6. 发展职业教育已成为体现社会公平，帮助困难群体摆脱贫困的重要措施。（　　）
7. 国民素质高、劳动力训练有素、机动灵活，拥有丰富的持续学习能力，而且职工的技能终身不断提高，这些都成为世界发达国家的共同特点。（　　）
8. 国际职业教育的发展趋势表明，现代职业教育带有"阶段性"和"终身性"，"就业和创业并举"与"职业预备教育和升学预备教育"或"人生预备教育"等特色。（　　）
9. 为了给职教学生提供继续接受高等和普通教育的机会，发达国家都在探讨如何建立和完善中等职业教育与高等教育相互衔接的机制和办法。（　　）
10. 要提高高中阶段普及率，光靠普通高中是完不成的，因为它难以完成我国经济社会发展对技能型人才的要求。（　　）

二、回答问题：

1. 在我国，制约产业升级的主要因素是什么？
2. 哪些方面可以看出，我国目前面临巨大的人口就业压力？
3. 竞争力最强的国家都有一个什么共同特点？
4. 国际职业教育发展趋势表明，现代职业教育同过去相比有什么不同？
5. 我国大力发展职业教育的意义是什么？

第十三单元 百姓生活

1

衣食住行：见证5年变迁

李江泓

5年来，随着中国经济的持续快速发展，中国人的生活质量不断提升，衣食住行发生了很大变化，标志着中国老百姓的生活开始向全面小康迈进。

衣：从一衣多季到一季多衣

"中国自1994年开始成为世界最大的服装生产出口国，现在共有1万多家服装生产企业，近几年全国服装生产以9%以上的速度递增。"中国服装协会常务副会长蒋衡杰说。

人们不仅对服装的质量、花色进行挑选，还要追求品牌和时尚，体现个性与修养。"一季多衣"取代了"一衣多季"，服装业也成了如今最为多姿多彩的产业。

现在中国人在选择服装时，更加强调"绿色环保"和"保健功能"，近九成的消费者更喜欢购买棉、麻、毛、丝等天然纤维面料的服装。

食：从吃饱吃好到营养风味

对于不少中国家庭来说，下馆子已经不再只是为了请客吃饭，更多的是为了把自己从锅台碗柜旁解放出来，去享受美食和服务带来的乐趣。

据统计，中国城镇居民肉类、家禽、鲜蛋、水产品、植物油的消费量成倍增长，膳食营养结构大为改善。旧时的"高档食品"早已进入寻常百姓家，营养、风味、品种、疗效成为人们继吃饱吃好之后新的追求，饮食业在中国已经成为最具活力的产业之一。

中国食品工业协会会长王文哲说："2004年，全国规模以上食品企业实现工业增加值5529.82亿元，占全国工业经济增加值的10.09%，比上年增长14.3%。"

住：从居者有屋到讲究宜居

在北京、上海等大城市，老百姓一方面抱怨房价太高，一方面看房、购房的热情有增无减，一些价位适中的新楼盘往往受到欢迎。

今年1月，国务院正式批复《北京市城市总体规划（2004—2020年）》，明确将北京的城市目标定位成"国家首都、国际城市、文化名城、宜居城市"，首次提出了宜居城市的概念。据介绍，北京北护城河治理主体工程将于今年底完工，明年启动城市北环水系的亮马河整治工程。这两项工程完工后，从朝阳公园的水碓湖可以泛舟直抵颐和园的昆明湖。这两项工程已成为北京建设"宜居城市"的重要内容。

行：从个人买车到排队提车

随着轿车进入家庭，百姓的周末旅行变成了现实。推动汽车产业突飞猛进的主要力量来源于家庭消费。近年来，各类新车型纷纷登场，家用轿车的价格则大幅下降，汽车个人消费力量已经形成。

今年5月以来，一度绝迹的购车排队和经销商加价售车现象，在国内车市重新出现。北京一位消费者要买天津一汽丰田生产的一款轿车，被告知要等到三四个月后。

权威数据显示，2001年至2004年，中国汽车生产增加300.4万辆，增长1.45倍。种种迹象表明，中国这个传统的自行车大国正在向着汽车生产和消费大国迈进。

（选自2005年11月7日《人民日报·海外版》）

生　词

1.	见证	（动）	jiànzhèng	witness；evidence；testimony；clear proof
2.	变迁	（动）	biànqiān	vicissitude；changes
3.	服装	（名）	fúzhuāng	dress；accoutrements；costume
4.	花色	（名）	huāsè	design and colour
5.	时尚	（形）	shíshàng	fashion
6.	多姿多彩		duō zī duō cǎi	rich and colorful
7.	麻	（名）	má	hemp
8.	丝	（名）	sī	silk
9.	纤维	（名）	xiānwéi	fibre
10.	面料	（名）	miànliào	outside material
11.	下馆子		xià guǎnzi	eat at a restaurant
12.	锅台碗柜		guōtái wǎnguì	kitchen range and cupboard
13.	家禽	（名）	jiāqín	poultry
14.	膳食	（名）	shànshí	meals
15.	寻常	（形）	xúncháng	ordinary；usual；common
16.	疗效	（名）	liáoxiào	potency；curative effect；healing effect
17.	价位	（名）	jiàwèi	standardprice；level of price
18.	适中	（形）	shìzhōng	moderate

19. 楼盘	（名）	lóupán	commercial building being built or sold
20. 泛舟	（动）	fànzhōu	go boating
21. 登场	（动）	dēngchǎng	enter
22. 绝迹	（动）	juéjì	vanish; be stamped out
23. 权威	（形）	quánwēi	authority; authoritiveness

练 习

一、根据课文内容填空：

1. 文章从_____方面讲述了中国百姓5年来的生活变迁。

2. 如今，人们在挑选服装时，不仅讲究_____、_____，还追求_____和_____，体现_____与_____。如今的服装业成了最为_____的产业。

3. 现在，中国人在选择服装时，更强调_____和_____，而且消费者更喜欢购买_____的服装。

4. 对于不少中国家庭来说，下馆子不再只是为了_____，更多的是为了_____，去_____ _____的乐趣。

5. 旧时的_____早已进入_____，人们继吃饱吃好之后新的追求是_____。

6. 在北京、上海等大城市，老百姓一方面_____，另一方面_____。

7. 随着轿车进入家庭，百姓的_____变成了现实。推动汽车产业突飞猛进的主要力量来源于_____。

8. 种种迹象表明，中国这个传统的_____大国，正在向着_____和_____迈进。

二、选择正确答案：

1. 现在，人们在挑选服装时，对面料的要求是（ ）
   A. 质量好，颜色漂亮
   B. 品牌和时尚
   C. 棉、麻、毛、丝等天然纤维
   D. 体现个性和修养

2. 在吃的方面，继吃饱吃好之后，人们进一步追求的目标是（ ）
   A. 改善膳食的营养结构
   B. 营养、风味、品种、疗效
   C. 能够享受到高档食品
   D. 享受美食和服务带来的乐趣

3. 在北京、上海等大城市，老百姓对购买住房的态度是（ ）
   A. 抱怨房价太高
   B. 看房购房热情有增无减
   C. 十分看好价位适中的楼盘
   D. 包括以上三者

4. 下面不符合课文意思的一句话是（ ）
   A. 家庭消费成为推动汽车产业迅猛发展的主要力量
   B. 轿车进入家庭之前，百姓的周末旅行早已成为现实
   C. 近年来家用轿车大幅降价，汽车的个人消费力量已经形成
   D. 购车排队和经销商加价售车在国内车市上再次出现

5. 中国老百姓的衣食住行发生了如此巨大变化，从深层次的原因来看，应该是（ ）
   A. 中国老百姓有钱了
   B. 中国老百姓勤劳了
   C. 中国经济获得了迅猛发展
   D. 中国人的生活质量提升了

三、解释下列句子中画线词语的意思：

1. 现在中国人在选择服装时，更加强调"绿色环保"和"保健功

能"。

2. 对于不少中国家庭来说，下馆子已经不再只是为了请客吃饭，更多的是为了把自己<u>从锅台碗柜旁解放出来</u>，去享受美食和服务带来的乐趣。
3. 旧时的"高档食品"早已进入<u>寻常百姓家</u>。
4. 这两项工程已成为北京建设"<u>宜居城市</u>"的重要内容。

上海普通工薪家庭折射出中国收入分配40年变迁

陈小莹

这是上海一个普通的工薪家庭。几十年间，中国居民收入分配的变化，影响着这个家庭的喜怒哀乐。

刚刚帮儿子办完喜酒的胡先生终于长出了一口气。

今年5月，为了解决儿子的婚房，他卖掉了上海内环线的房子，在中环线附近买了115平方米的新房。现在，他和妻子，与新婚的儿子、儿媳妇一起住在这套三室两厅的房子里。

"房子卖了50万元作为新房的首付，结婚花了10万元，装修花了10万元，还有家具。这些已经差不多是我们家所有的积蓄了。"胡先生的甜蜜中也有些苦涩，为了凑齐这些钱，他50多岁的妻子在退休后，一个人前往温州的皮鞋厂指导鞋帮的制造。

"她吃住都在厂里，没有休息天，就这样每月给儿子攒下4000元钱。"坐在客厅的沙发上，胡先生说。

从42元到1000元

1964年，胡先生从重庆某军事专科院校毕业，分配到了位于河北省唐山市的国防科委下属某院当了5年军人。

"6年后我就转业开始拿42元钱的工资，前后整整拿了10年。"胡先生说，这个收入在当时算得上中上水平。而且当时的房子是单位4人一间的宿舍，吃饭穿衣需要的花费很少，"觉得挺宽裕的"。

在当时的计划经济体制下，人们领取低工资的同时，政府财政承担了医疗、教育和养老等其他保障费用。

"收入分配包括的范围很广，除了工资之外，医疗、住房、教育和养老金等都属于这个范围。"研究收入分配的文章连续两年入选《社会蓝皮书》的中国人民大学管理学院博士顾严说。

1979年6月，胡先生结束了夫妻两地分居的生活回到了上海，随后进入了仪表局下属的一个国有企业。

在此之前的6个月，十一届三中全会在北京召开。这次会议在改变了中国命运的同时，也改变了每个人的收入分配方式。

"我当时的一个感觉就是工资开始涨了，不像以前几十元钱一拿很多年。"从1979年开始，胡先生的工资从49元慢慢涨到了1990年的三四百元。

在工资上涨的同时，胡先生仍然享受着免费医疗，"那时候我手中有四张卡"，胡先生"骄傲"地回忆，其中一张是瑞金医院的，一张是中山医院的，一张是龙华医院的，还有一张是单位所属徐汇区中心医院的。"当时看病只要拿着卡到医院去就行了，根本不要钱。"不过在那个生病不用花钱的年代里，胡先生正值壮年，几乎没去看过病。

从1993年开始，胡先生调到了仪表局下属的一家合资公司，工资一下子跳到1000多元。

"其实回想起来，当时合资的部分原因不是缺资金，而是为了享受合资企业的待遇，既有税收优惠，又能提高工资。"

虽然合资企业的工作相对辛苦，但是相对高一点的薪酬让胡先生解决了房子的问题。原来的那套房子，是早在 1994 年胡先生花了首付 2000 元、10 年每月还款 38 元买下的，在 10 年之后这套房子为他带来了 80 多倍的收益。

1995 年，胡先生离开了合资公司，准备自己干。"不过我胆子小，其实这一步只迈了一半。"胡先生没有自己注册公司，而是选择了仪表局下属一个国有厂的"三产"公司。

脑子里根深蒂固的"单位"观念，使得他宁愿与单位分成，也要把编制留在国有企业里，为了退休后有个保障。

和胡先生不同的是，他的妻子选择了私营企业。1999 年开始，在上海第一皮鞋厂工作的她，在退休后被温州老板聘走。

"当时我们鞋厂不行了，那家温州的私人皮鞋厂把我们一起挖过去，从副厂长到我这个指导'制帮'的，都是我们厂过去的。"胡先生的妻子说。这家皮鞋厂开出的薪水比她退休前拿的工资几乎高了 6 倍。"4000 元啊，所以我们都去温州了。"

在退休前，胡先生的妻子从学徒开始一直到退休一直在同一个车间工作，薪水最高的时候是 700 元。

和效率同等重要的公平

1998 年，胡先生因为心肌梗塞送入医院抢救。

同年，一份《国务院关于建立城镇职工基本医疗保险制度的决定》拉开了全国职工医疗制度改革的序幕。尽管还在国有企业下属的单位工作，胡先生却开始要为医疗付费了。

第二年，55 岁的胡先生提前退休了。在那时，中国许多行业待工、"双停"、低薪或无一分钱停薪放长假回家等现象开始普遍起来。

"还好我那时候符合提前退休的政策，要不然还要多拿 5 年的下岗工资。"胡先生庆幸地说。

胡先生的妹夫就没有这么幸运了，由于所在的国有企业 2000 年维持不下去了，身为车间主任的他开始在里弄里领每月 200 元的低保工资。下岗后他当上了保安，每月挣七八百元钱。

"我觉得他们这一辈人在收入分配中一直处于弱势的地位。"胡先生说。"城镇居民中，收入最低的那部分人就是在国企减负政策中下岗，学历初中以下，又没有什么技能的人。他们失去工作时的年龄和体能，使得他们在城市中与农民工竞争都处于弱势的一方。"国家发改委宏观经济研究所副所长杨宜勇的说法和胡先生的估计几乎一致。

不过比起事业单位，有着几十年工龄的胡先生对自己的退休金也不太满意。"我当时退休的时候只有940元，现在也才1000元出头。可是事业单位的保洁工退休都有1800元。"

2006年5月26日，中共中央政治局召开收入分配改革会议。会议称要更加注重社会公平，努力缓解部分社会成员收入分配差距扩大的趋势。而在"更加"和"努力"的用词背后，中国居民内部的收入差距呈逐步扩大的态势。

杨宜勇等人的《我国收入分配现状、问题及"十一五"期间的对策》一文中指出，目前收入最高的10%的家庭财产总额占城镇居民全部财产总额的比重接近50%。

"缩小居民内部收入差距将是改革收入分配制度的起点。"杨宜勇评述说，这次会议体现出中央落实社会公平的决心，"社会公平"也慢慢提到了和"效率优先"同等重要的位置上。

这两天，退休后的胡先生，忙着在各种报纸电视里寻找和这个话题有关的一切内容。

"之前也有过收入分配文件，不过都是上海市下发的某个方面的文件，像总书记也参与的这么高规格又涉及方方面面的会议可是第一次看到。"胡先生指出其中一条给记者看，"你看，文件里说了，要适当提高企业离退休人员基本养老金标准。"

（选自2006年6月5日《第一财经日报》）

生　　词

1. 工薪	（名）	gōngxīn	wage; pay; salary
2. 喜酒	（名）	xǐjiǔ	wedding feast
3. 首付	（名）	shǒufù	payment first for housing purchasing

4. 装修	（动）	zhuāngxiū	fit up (a house, etc)
5. 家具	（名）	jiājù	furniture
6. 积蓄	（名）	jīxù	savings
7. 苦涩	（形）	kǔsè	pained; bitter
8. 凑齐	（动）	còuqí	gather together
9. 鞋帮	（名）	xiébāng	uppers of shoes
10. 单位	（名）	dānwèi	unit
11. 宽裕	（形）	kuānyù	ample; well-salary
12. 计划经济		jìhuà jīngjì	planned economy
13. 养老		yǎng lǎo	provide for the aged
14. 仪表	（名）	yíbiǎo	appearance
15. 壮年	（名）	zhuàngnián	prime of life
16. 合资	（动）	hézī	joint venture; joint investment
17. 薪酬	（名）	xīnchóu	salary
18. 注册	（动）	zhùcè	register
19. 根深蒂固		gēn shēn dì gù	in grain; fast; firm; durable
20. 分成	（动）	fēnchéng	divide into; separate into
21. 待工		dài gōng	job-waiting
22. 车间主任		chējiān zhǔrèn	workshop director
23. 保安	（名）	bǎo'ān	security personner
24. 国企	（名）	guóqǐ	state enterprise
25. 减负		jiǎn fù	reduce the burden
26. 体能	（名）	tǐnéng	physicalperformance

| 27. 保洁工 | （名） | bǎojiégōng | sanitation worker; cleaning man |
| 28. 缓解 | （动） | huǎnjiě | relieve; alleviate |

练　习

一、根据课文内容填空：

1. 胡先生拿每月42元的工资是在_____年，而且一直拿了_____年。
2. _____改变了中国人的收入分配方式。
3. 从_____年开始，胡先生调到了一家_____公司，工资一下子跳到_____多元钱。
4. _____年，55岁的胡先生提前退休了。
5. 城镇居民中，收入最低的那部分人就是在国企减负政策中_____，_____，_____的人。他们失去工作时的年龄和体能，使得他们在城市中与农民工竞争都_____的一方。
6. 2006年5月26日，中共中央政治局召开_____会议。会议称要更加注重_____，努力缓解部分社会成员_____差距扩大的趋势。

二、判断正误：

1. 为了儿子结婚和买新房，胡先生老两口几乎耗尽了全家所有的积蓄。（　　）
2. 为了凑够钱，胡先生老两口前往温州的一家私营皮鞋厂去指导鞋帮的制造。（　　）
3. 胡先生转业后每月只有42元钱的工资，而且连续拿了10年，但他还觉得日子挺宽裕的。（　　）
4. 在当时的计划经济体制下，胡先生虽然领取的是低工资，但是他的

医疗、教育和养老等保障费用都是由政府承担的。（　　）

5. 十一届三中全会改变了中国的命运，也改变了中国人的收入分配方式。（　　）

6. 从1993年开始，在国营企业里工作的胡先生工资一下子涨到了1000多元。（　　）

7. 1994年胡先生花了2000元买的房子，10年之后为他带来了80多倍的收益。（　　）

8. 胡先生庆幸自己提前退休而多拿了5年的下岗工资。（　　）

9. 国家发改委宏观经济研究所副所长杨宜勇和胡先生几乎一致认为，那些在国企减负政策中下岗，学历初中以下，又没有什么技能，收入最低的人，他们在城市中的竞争能力还不如农民工。（　　）

10. 有着几十年工龄的胡先生对自己的退休金不太满意，他认为自己和事业单位在职的保洁工差不多。（　　）

第十四单元　黄金周

1

黄金周收入增长与旅游幸福感成反比

舒圣祥

中国第十七个黄金周刚刚画上句号，全国假日办就发布旅游信息通报称，根据纳入全国监测的39个城市和116个直报景区（点）的运行情况分析，本次黄金周旅游接待人数和旅游收入又将出现一次较高增长。预计今年五一黄金周旅游接待人数和旅游收入将有15%和20%左右的增长。

全国假日办有关负责人用了"井喷"这个词来形容今年的五一黄金周：今年五一黄金周最突出的特点，就是本已趋缓的国内旅游"井喷"又出现了，相当多的景点出现超过最佳接待量100%甚至300%的局面。诚然，在"井喷"的背后，可以总结出"国民收入增长"、"国民消费信心达观"之类的可喜背景，但笔者从中总结出一条"黄金周定律"：黄金周收入增长与旅游幸福感成反比。意即黄金周收入增长越多，旅游者的幸福感越少；黄金周收入增长越少乃至负增长，旅游者的幸福感肯定越多。

我们实行的黄金周集中放假制度，把全国人民的休假权利集中到黄金周使用，过期作废，不再追补，"集中消费、全民旅游、商家主导、黄金周里好淘金"就必然成为黄金周的特色；至于超负荷运转的人类古建筑瑰宝、历史文化遗产、自然风景名胜，能否扛得起这么重的脚步，在一些人那里似乎是可以忽略不计的。在所谓的休闲时代，在刺激内需、带动消费的共同利益下，在政府"有形之手"和市场"无形之手"的双重推动下，产生了旅游的"井喷效应"和消费的"排浪效应"。

因此，致使黄金周收入大幅度增长，无非有两种可能：要么是旅游者妥协于黄金周制度，出行人数激增；要么是景点门票和系列服务涨价，看一样的景却比往年及平时要多花更多的钱。前者是一种"人挤人的旅游"，后者是一种"钱堆钱的旅游"，无论哪一种，都足以消解掉旅行者的旅游幸福感，更何况，这两种情况在不少景区兼而有之。于是，旅游井喷和消费排浪，让黄金周成为一场诸神合欢的"淘金游戏"，而旅游本身倒成了一种纯粹的形式主义和别人的赚钱工具。祖国的大好风光，越来越成为价格昂贵的消费品，也越来越成为"钓钱"的道具。

一言以蔽之，黄金周制度下，旅游收入的增长，只能意味着景点更拥挤、价格更高昂，国民休假福利质量更低。因此，从完善国民休假福利的角度看，黄金周收入大幅度增长未必是一个好消息。

（选自2006年5月9日《北京青年报》）

生　词

1. 黄金周	（名）	huángjīnzhōu	golden week
2. 假日办	（名）	jiàrìbàn	the Office on Holidays
3. 景区	（名）	jǐngqū	area of scenic spots
4. 井喷	（动）	jǐngpēn	blow out
5. 诚然	（副）	chéngrán	truly; really

6. 达观	（形）	dáguān	take things philosophically
7. 作废	（动）	zuòfèi	become invalid
8. 追补	（动）	zhuībǔ	add to (the original amount)
9. 商家	（名）	shāngjiā	the merchant and company
10. 淘金	（动）	táojīn	wash (for gold); pan
11. 古建筑	（名）	gǔjiànzhù	acient buiding
12. 瑰宝	（名）	guībǎo	gem; rarity; treasure
13. 扛	（动）	káng	lift with hands
14. 休闲	（动）	xiūxián	lie fallow
15. 妥协	（动）	tuǒxié	come to terms; compromise
16. 消解	（动）	xiāojiě	clear up; dispel; remove
17. 纯粹	（形）	chúncuì	pure
18. 形式主义		xíngshì zhǔyì	formalism
19. 一言以蔽之		yì yán yǐ bì zhī	sum up in a word

练 习

一、选择正确答案：

1. 全国假日办有关负责人用了"井喷"这个词来形容今年的五一黄金周，是要说明什么问题？（　　）

   A. 国民收入增长

   B. 国民消费信心达观

   C. 黄金周收入增长与旅游幸福感成反比

   D. 相当多的景点出现人满为患的现象

2. 笔者从中总结出的一条"黄金周定律"是什么？（　　）

   A. 黄金周收入增长与旅游幸福感成反比

   B. 黄金周收入增长越多，旅游者的幸福感越强

C. 黄金周收入增长越少，旅游者的幸福感越弱

D. 黄金周收入负增长，旅游者的幸福感也负增长

3. 实行黄金周集中放假制度，把全国人民的休假权利集中到黄金周使用，必然出现黄金周特色。这种特色指的是（　　）

　　A. 集中消费、全民旅游

　　B. 商家主导、黄金周里好淘金

　　C. 包括 A 和 B

　　D. 名胜古迹正在超负荷运转

4. 文章认为，产生旅游的"井喷效应"和消费的"排浪效应"的原因涉及到以下几个因素，其中错误的一个是（　　）

　　A. 内需　　　　　　　　　B. 人们的幸福感

　　C. 市场和政府　　　　　　D. 消费

5. 黄金周使人们的旅游幸福感减少的因素是（　　）

　　A. 人挤人的旅游　　　　　B. "钱堆钱的旅游"

　　C. 国家旅游收入增加　　　D. 只包括 A 和 B

6. 黄金周制度下，旅游收入的增长意味着什么？（　　）

　　A. 景点更拥挤　　　　　　B. 价格更高昂

　　C. 国民休假福利质量更低　D. 包括以上三者

二、回答问题：

1. 作者从黄金周的"井喷"现象中，总结出一条什么样的"黄金周定律"？

2. 什么因素使黄金周制度下产生旅游的"井喷效应"和消费的"排浪效应"？

3. 作者如何看待黄金周收入大幅度增长这件事？

黄金周：改变中国人的生活方式

孙少峰

世界上最大的国内旅游市场

进入五一黄金周以来，各地传来的信息，可用"火暴"二字概之。黄金周前两天，南京夫子庙游客总数突破50万人次，创下同期新纪录；北京市商业信息咨询中心的监测统计显示，2日当天全市30家百货商场的销售额达11604万元，比去年同期增长18.5%，30家餐饮企业135家门店的营业额增幅也在10%以上；飞机票、火车票难买，不少地方住店紧张……与喜人的红火相对应的，是各种接待能力仍显不足。

对于眼下的这个黄金周，全国假日办负责人估计，出游人数将超过去年五一黄金周的1.2亿人次，旅游收入也将创历史新高。

据统计，过去的16个黄金周，全国出游人数累计已达13亿人次左右，平均每个中国人都有了一次"出游"的机会，黄金周创造了一个世界上最大的国内旅游市场。黄金周期间日均进账42亿元。据世界旅游组织测算，旅游业直接收入1元，能给国民经济相关行业带来4.3元的增值效益。如此算来，黄金周的综合效益已经超过2万亿元。

黄金周悄然转向休闲周

在五一假期里，人们并非一味选择出外旅游，越来越多的市民选择享受多种生活情趣，或在原地调整休息，黄金周正悄然转向休闲周。

连日来，天津市各大书店迎来了一个营业高峰期，市内图书大厦、新华书店、科技书店、古籍书店等处看书和购书的人络绎不绝。在天津市图书大厦现代文学书架前，一位20岁左右的姑娘一边翻着手中的书，一边在本子上记着什么。她告诉记者，她是天津师范大学的学生，要写一篇有关现代文学的论文，需要查阅大量资料。她扬了扬手中厚厚的笔记说："这几天我都在这儿泡着了，收获不小。"

在北京，记者拨通了国家图书馆的总机，却没有话务员接听。可在这家图书馆里，享受读书快乐的人并不少。

在上海南京路新华书店门口，抱着一摞书走出店门的张先生说，他大学毕业后参加工作已经四五年了，平常因为工作忙，很少有时间逛书店，这几天利用假期给自己和女友选了一些一直想看的书。

长假缩短游子回乡路

长达7天的五一假期，在许多身处异乡的人眼里，是一个回乡探亲的"黄金周"。更多的闲暇时间，使他们增加了与家人团聚的机会，回家的路因此变短了。

5月1日一大早，在山东一家电力公司工作的刘立军就带上妻子、儿子，从济南往胶东的老家赶。一路上，13岁的儿子拿着他的手机，一遍遍地给已有3个月没有见面的爷爷奶奶打电话，报行程。刘立军70多岁的老母亲告诉他：中午为他们包饺子吃。

从济南到刘立军的老家，只有300多公里，但这段路程对于刘立军来说，曾经非常漫长。黄金周休假制度实行之前，因为没有更多的空闲时间，他只有在每年春节时才能回家看望一下父母。有了黄金周之后，刘立军一年至少要回家3次。他说："父母年纪大了，只要有时间，我们都想回家多陪陪他们。"

这个长假，在匆匆出行的人群中，有相当一部分是探亲的人流。据山东大学威海分校休闲研究所对威海居民休闲生活状况进行的一项调查显示，有14.2%的人认为，休闲就是全家人共享天伦之乐，加深夫妻之间、父母与孩子之间的感情。

化解"休闲饥渴"，出路在于发展休闲产业

沈阳世界园艺博览会在五一黄金周盛装开幕，从5月1日到4日的短短4天之内，游客数量达到120万人次，创下历届世园会开园游客数量之最。

沈阳世园会是我国继昆明之后，举办的第二次世界性的园艺盛会，7000多种精品花卉一展芳姿，展出面积、展品规模均创历届之

最。在世园会开园的最初几天内，买票、看花、上卫生间都排成了长龙，一个面积1万平方米的玫瑰园日客流量竟然达到2万人次以上。为了运送旅客，铁路部门首次开行了长达30节车厢的旅游专列。

东北财经大学休闲研究中心副所长李仲广博士说，沈阳世园会大受欢迎，折射出我国大型的主题性休闲项目太少了。目前我国休闲市场还处于培育阶段，政府财力有限，企业看不清楚市场前景，投资举棋不定。

"这就导致休闲产品单一，层次不高，高端服务被国外垄断。"李仲广认为，我国的休闲产品大多限于感官享受上，如节庆活动、KTV等，都很初级，而高端的情感和智慧型休闲不多，迪斯尼这样的龙头企业也没有形成。供给乏力，就会让消费者产生"休闲饥渴"。"化解'休闲饥渴'，根本出路在于大力发展休闲产业。"李仲广说。

（选自2006年5月6日《人民日报·海外版》）

生　词

1.	销售额		xiāoshòu'é	gross（or aggregate）sales
2.	餐饮	（名）	cānyǐn	food and drink
3.	增幅	（名）	zēngfú	degree of increase
4.	红火	（形）	hónghuǒ	flourishing; prosperous
5.	对应	（动）	duìyìng	corresponding; homologous
6.	进账	（名）	jìnzhàng	income; receipts
7.	增值	（动）	zēngzhí	increase or rise in value
8.	悄然	（形）	qiǎorán	quietly
9.	情趣	（名）	qíngqù	temperament and interest

10. 调整	（动）	tiáozhěng	adjust; regulate; revise
11. 络绎不绝		luòyì bùjué	in an endless stream
12. 泡	（动）	pào	dawdle
13. 总机	（名）	zǒngjī	telephone exchange
14. 摞	（量）	luò	pile; stack
15. 逛	（动）	guàng	stroll; ramble; roam
16. 匆匆	（形）	cōngcōng	hurriedly
17. 出行	（动）	chūxíng	go on a long journey
18. 天伦之乐		tiān lún zhī lè	family happiness
19. 园艺	（名）	yuányì	horticulture; gardening
20. 历届	（形）	lìjiè	all previous
21. 举棋不定		jǔ qí bú dìng	vacillate; shilly-shally
22. 龙头企业		lóngtóu qǐyè	head/leading enterprises

练 习

一、选择正确答案：

1. 下列哪项描述不符合课文意思？（　　　）

　　A. 过去的16个黄金周，全国累计出游约13亿人次

　　B. 国民经济每4.3元的增值效益中旅游业就占了1元

　　C. 黄金周期间平均每天收入超过了40亿元

　　D. 中国黄金周创造了一个世界上最大的国内旅游市场

2. 在五一假期里,人们的活动方式正在发生变化,他们不再(　　)
　　A. 一味选择出外旅游　　　　　　B. 在原地调整休息
　　C. 享受多种生活情趣　　　　　　D. 只包括 B 和 C

3. 五一假期对许多身处异乡的人来说,回家的路变短了,这是因为(　　)
　　A. 交通发达了　　　　　　　　　B. 经济发展了
　　C. 闲暇时间长了　　　　　　　　D. 可以回家探亲了

4. 从以下原因可以看出,目前我国休闲项目太少,其中文章未曾涉及到的一个是(　　)
　　A. 政府财力不足,对市场投资有限
　　B. 市场前景不明企业投资不确定
　　C. 人们并不看好
　　D. 市场还处于培育阶段

5. 目前我国休闲市场的状况是(　　)
　　A. 休闲产品单一　　　　　　　　B. 层次不高
　　C. 高端服务被国外垄断　　　　　D. 包括以上三者

6. 李仲广认为,我国的休闲产品供给乏力,让消费者产生"休闲饥渴",要化解这一矛盾,最根本的出路是(　　)
　　A. 大力发展休闲产业　　　　　　B. 提供高端服务
　　C. 企业加强市场投资　　　　　　D. 取消黄金周假期

二、回答问题:

1. 举例说明五一黄金周的"火暴"。"火暴"带来的不利因素是什么?
2. 举例说明五一黄金周在悄然转向休闲周。
3. 目前我国休闲市场处于什么状况?为什么?
4. 要化解人们的"休闲饥渴",根本出路在哪里?

第十五单元　公民安全

群众安全感调查不应止于"社会治安"

潘洪其

昨天，国家统计局在其官方网站上发布了2005年全国群众安全感抽样调查主要数据公报。公报显示，对于目前的社会治安环境，认为"安全"的人占被调查人员总数的37.1%，认为"基本安全"的占54.8%，认为"不安全"的占8.1%。其中，认为"安全"和"基本安全"的共占91.9%，与2004年相比，上升了1个百分点。

安全是国家和政府为公民提供的保障，群众安全感则是一种群体心理，是社会上大多数人对国家和政府提供的安全保障产生的心理感受。社会心理学研究表明，群体心理是一种很奇妙的东西，它既受现实环境的影响，反过来也可能对现实环境产生影响。比如某个地方的社会局势欠佳，将对当地居民的心理产生一定的消极影响，但如果同时还有其他因素加剧了这种影响，那么居民的消极心理将可能引发某些消极行为，从而使当地社会局势每况愈下，反之亦然。所以，通过抽样调查等手段把握群众安全感的动态，并从民意中及时发现一些值得注意的问题，对于完善社会管理、维护社会稳定具有积极的作用。

国家统计局在全国范围内组织的群众安全感抽样调查，到去年已经进行了五次，有的地方自己也组织进行群众安全感调查，还有的地方将调查结果列为社会治安综合治理检查考评的主要指标，进而将"群众安全感"纳入党政领导干部政绩考核体系。可见随着群众对安全保障的要求与日俱增，各级政府对群众安全感的重视程度也在逐渐提高。在这种情况下，我们更需要对"群众安全"进行理性的分析，以利于通过更科学的调查研究，更敏锐、更客观地了解到群众安全感的真实状况。

从国家统计局发布的数据公报看，群众安全感中的"安全"，主要集中在"社会治安"的层面，对"安全感"的调查，也主要是调查群众对社会治安的满意程度，但"安全感"的内涵显然不应当局限于此。中国是一个发展中国家，中国社会又处于由传统向现代的转型，群众对于安全的心理感受，既来自于对社会治安状况的判断，同时也必然来自于对消费环境、劳动环境、执法环境、司法环境及社会政治生活的参与空间等因素的判断。一个公民晚上出门不用担心被打劫，不用担心家里被盗，是一种安全感；一个公民不用担心买到假烟假酒毒大米，不用担心买车买房受到欺诈，也是一种安全感；一个公民相信自己打官司能得到公正判决，相信自己在权利遭受侵害时能获得及时而充分的救助，更是一种安全感。以现代文明社会的标准衡量，如果将"群众安全感"仅仅界定为"对社会治安的满意度"，这个要求无疑是偏低了。

2005年全国群众安全感抽样调查还显示，在群众最关注的社会问题中，被调查人员除了选择"社会治安"（占17.5%）外，还选择了"社会风气"（占18.5%）、"教育"（占16%）、"就业失业"（占15.4%）、"腐败"（占12.6%）等问题。这表明群众对"安全"的关注，正在从社会治安问题延伸到社会风气、教育、就业失业等问题，群众对"安全"的理解，正在从"但求平安无事"的层面，上升到"免于匮乏、免于恐惧的自由"的层面。为此，希望今后国家统计局和各地组织的群众安全感调查，能将眼光扩展到社会治安之外的其他诸多方面，那样将获得更为全面、更具说服力的调查结论。

（选自2006年1月12日《北京青年报》）

生 词

1. 治安	（名）	zhì'ān	public order; public security
2. 官方	（名）	guānfāng	authority; official; by the government
3. 网站	（名）	wǎngzhàn	wibsite
4. 公报	（名）	gōngbào	communique; official report; bulletin
5. 局势	（名）	júshì	situation
6. 欠佳		qiàn jiā	not good enough
7. 每况愈下		měi kuàng yù xià	from smoke into smother; get worse every time; steadily deteriorate
8. 反之亦然		fǎn zhī yì rán	and the reverse is also true; and vice versa
9. 考评	（动）	kǎopíng	check and evaluate
10. 政绩	（名）	zhèngjì	achievements in one's official career
11. 考核	（动）	kǎohé	examine; check
12. 与日俱增		yǔ rì jù zēng	multiply daily; grow with each passing day
13. 敏锐	（形）	mǐnruì	bright and sharp; piercing
14. 层面	（名）	céngmiàn	aspect

15. 内涵	（名）	nèihán	involution；connotation
16. 局限	（动）	júxiàn	limit
17. 转型	（动）	zhuǎnxíng	transformation；change the mode of production
18. 判断	（动）	pànduàn	judgment；judgement
19. 打劫	（动）	dǎjié	loot；plunder
20. 欺诈	（动）	qīzhà	cheat；swindle
21. 侵害	（动）	qīnhài	encroach on；make inroads on
22. 救济	（动）	jiùjì	relief；succor
23. 界定	（动）	jièdìng	define
24. 社会风气		shèhuì fēngqì	the general mood of society
25. 腐败	（名）	fǔbài	corrupt；demoralized；depraved
26. 延伸	（动）	yánshēn	elongate；extend；stretch
27. 恐惧	（动）	kǒngjù	fear；dread

练 习

一、选择正确答案：

1. 以下不符合课文意思的一项是（　　）

   A. 对于社会治安环境认为基本安全和安全的被调查者超过了九成
   B. 2005年国家安全局发布了群众安全感抽样调查主要数据公报
   C. 认为"安全"和"基本安全"的被调查者比2004年提高了1%
   D. 认为"不安全"的只占被调查者的8.1%

2. 文章说，群体心理很奇妙，这是因为（　　）

　　A. 它要受到现实环境的影响

　　B. 它也对现实环境产生影响

　　C. 对国家和政府提供的公民保障感到满意

　　D. 只包括 A 和 B

3. 比如某个地方的社会局势欠佳，将对当地居民的心理产生一定的消极影响，但如果同时还有其他因素加剧了这种影响，那么居民的消极心理将可能引发某些消极行为，从而使当地社会局势每况愈下，反之亦然。这个例子要说明（　　）

　　A. 群体心理是不受现实环境影响的

　　B. 群体心理可能不受现实环境影响

　　C. 群体心理既受现实环境影响，也影响现实环境

　　D. 群体心理受现实环境影响，但不影响现实环境

4. 作者认为"安全感"的内涵不应当局限于（　　）

　　A. 群众对社会治安的满意程度

　　B. 中国是一个发展中国家

　　C. 消费、劳动、执法、司法等环境

　　D. 政治生活的参与空间

5. 作者写这篇文章的目的是要告诉我们（　　）

　　A. 群众的安全感主要集中在对"社会治安"的满意程度上

　　B. 群众安全感仅仅界定为"对社会治安的满意度"是对的

　　C. 应将群众安全感的调查扩展到社会治安之外的其他方面

　　D. 把对群众安全感的调查集中在群众最关注的社会问题上

二、概括段意：

1. 社会心理学研究表明，群体心理是一种很奇妙的东西，它既受现实环境的影响，反过来也可能对现实环境产生影响。比如某个地方的社会局势欠佳，将对当地居民的心理产生一定的消极影响，但如果

同时还有其他因素加剧了这种影响,那么居民的消极心理将可能引发某些消极行为,从而使当地社会局势每况愈下,反之亦然。

这段话的意思是:_____

2. 国家统计局在全国范围内组织的群众安全感抽样调查,到去年已经进行了五次,有的地方自己也组织进行群众安全感调查,还有的地方将调查结果列为社会治安综合治理检查考评的主要指标,进而将"群众安全感"纳入党政领导干部政绩考核体系。可见随着群众对安全保障的要求与日俱增,各级政府对群众安全感的重视程度也在逐渐提高。

这段话的意思是:_____

3. 2005年全国群众安全感抽样调查还显示,在群众最关注的社会问题中,被调查人员除了选择"社会治安"(占17.5%)外,还选择了"社会风气"(占18.5%)、"教育"(占16%)、"就业失业"(占15.4%)、"腐败"(占12.6%)等问题。这表明群众对"安全"的关注,正在从社会治安问题延伸到社会风气、教育、就业失业等问题,群众对"安全"的理解,正在从"但求平安无事"的层面,上升到"免于匮乏、免于恐惧的自由"的层面。为此,希望今后国家统计局和各匮地组织的群众安全感调查,能将眼光扩展到社会治安之外的其他诸多方面,那样将获得更为全面、更具说服力的调查结论。

这段话的意思是:_____

中国政府保护公民海外安全

中国外交部领事司副司长魏苇日前在接受《中国青年报》专访时表示，中国政府将建立五项机制来保护在海外的中国公民的安全。

● 中国公民海外安全案件增多

2004年，中国公民出境人数达到2850万人次。2005年前三季度，中国出境人数为2280万人次，同比增长10%。预计，今后中国公民出境人数还会增加。

2005年的领事保护工作与2004年相比，总体形势相对平稳，领事保护预警和处置机制初见成效。造成重大人员伤亡的恶性突发事件相对减少，但案件总量不断上升；非洲地区领事保护形势严峻；境外劳务纠纷、渔事案件数量居高不下。今年，外交部和驻外使领馆共处理2万多起领事保护案件，其中影响较大的有：中国商户在马里球迷骚乱中遭袭案、俄罗斯伊尔库茨克警方与中国劳务人员冲突案、伦敦爆炸案、"卡特里娜"飓风案、台湾渔船在索马里被扣案、印尼军舰炮击中国渔船案、中国女性在马来西亚受辱案和印度洋海啸善后等重大案件。

● 保护每个遇险同胞的生命安全

领事保护工作有其特殊性，坚持依法行政是领事保护工作的前提和基础。中国政府秉持"以人为本""执政为民"的理念，坚持"以人为本""执政为民"对于做好领事保护工作意义尤为重大。在外交工作中，领事保护最贴近人民群众，直接关系到他们的切身利益。中国的领事保护工作始终把保护人民群众的根本利益作为出发点和归宿。面对重大突发事件，我们全力保护每一个遇险同胞的生命安全。我们的信条是：以人为本，领事保护无小事；执政为民，人民利益高于一切。

保护海外中国公民和法人的合

法权益，是外交部和驻外使领馆的一项重要任务，是外交工作贯彻"以人为本""执政为民"理念的重要体现。目前，国内外从事领事工作的人员有数百人，在不同岗位上默默奉献，维护我公民权益。近年来，外交部和驻外使领馆及相关部门密切配合、协调一致，成功处理了多起重大领事保护案件。如：中国公民在伊拉克被绑架案、印度洋海啸有关中国公民领事保护案、吉尔吉斯斯坦骚乱救助公民案、中国游客在马来西亚受到不公正待遇案、美国飓风案等。

做好领事保护工作，主要取决于3个因素：一是国家的综合国力，二是政府处理危机的态度和能力，三是外交队伍的综合素质。随着我国综合国力日益增强和国际地位不断提高，在国际社会的影响力不断加强，这是我们做好领事保护工作的坚实基础。领事保护工作有其特殊性和局限性，主要是：第一，保护的必须是当事人正当的合法权益；第二，必须遵守国际法和驻在国的相关法律；第三，派遣国的领事保护对接受国政府没有强制效力。

目前，国内非法从事国外劳务中介的活动猖獗，某些正规外派劳务公司盲目追求利润，也存在违法违规现象，中国公民上当受骗产生的涉外劳务纠纷案件不断发生。希望出国劳务人员提高警惕，必要时应向国内劳务主管部门和我驻外使领馆核实情况。外交部和其他有关部门也会针对有关国家涉外劳务纠纷较多的具体情况，及时发布有关警示信息。

● 保护中国公民利益的五项机制

经过近几年的实践，中国的领事保护工作积累了一些经验，总结出一些好的做法。目前，我们的主要工作是，按照中央的指示精神并本着"预防为主、预防与处置并重"的原则，着重加强领事保护工作的机制建设，主要体现在以下几个方面：

第一，加强协调机制。建立了由外交部牵头的境外中国公民和机构安全保护工作部际联席会议制度，统一指挥、协调国外涉中国公民和企业的重大领事保护事件的处置工作。

第二，加强预警机制。利用网站和其他媒体渠道及时发布各国的安全状况、旅游、经商、劳务等信息；跟踪、分析和判断有关涉及国外中国公民和企业安全的信息；对不同国家和地区的安全状况进行动态评估，并及时在外交部和驻外使领馆网站上发布预警信息。这些信息为中国公民出境提供便捷服务，受到公众和媒体的广泛关注。

第三，加强应急机制。国内、部内有关部门及驻外使领馆都建立和完善了相应的领事保护应急机制，主要内容是：成立应急小组，制定工作计划；确定联络方案，保障信息畅通；开设热线电话，收集各方资讯；协调国内外有关单位共同展开工作。最近，外交部领事司正在积极筹备成立领事保护处，专门负责领事预警和领事保护案件的处理。

第四，加强服务机制。向社会颁布《中国境外领事保护和服务指南》，宣传海外中国公民寻求领事保护的基本知识。同时，了解和掌握中国公民在国外的情况并与其建立直接联络，以便及时提供领事保护和服务。

第五，加强磋商机制。通过双边定期磋商、紧急交涉、派出外交部长特别代表或政府工作组等形式，赶赴事发地点，敦促有关国家采取措施，切实维护海外中国公民的合法权益。

小帖士

○ 海外危险地带

中国公民在世界不同国家和地区，可能遭遇的风险不尽相同——南亚、东南亚的危险在于恐怖活动和战乱；非洲除了政局动荡之外，还多了劳务纠纷、抢劫和绑架；在欧美，需要警惕的则是蛇头、走私贩毒的陷阱以及旅游安全；中东几乎囊括了上述各种危险；中国周边海域，多发渔业纠纷和领土纠纷……

○ 高危地带

战争和恐怖活动地区。

○ 高发问题

抢劫、绑架、偷渡、贩毒、非法移民等问题。

○ 最有效的保障

公民保障安全的最好办法就是提高自我安全保护意识，提高防范能力。

○ 海外安全核心

领事保护。但不同情况下领事保护的作用会有所不同。这要靠驻外使馆加强与所在国的相关机构的沟通。

（选自2005年12月31日《人民日报·海外版》）

生 词

1. 领事	（名）	lǐngshì	consul；consulate
2. 初见成效		chūjiàn chéngxiào	achieve an initial success
3. 伤亡	（动）	shāngwáng	casualty；loss
4. 恶性	（形）	èxìng	galloping；malignant
5. 突发事件		tūfā shìjiàn	eventualities
6. 劳务纠纷		láowù jiūfēn	labour trouble
7. 渔事案件		yúshì ànjiàn	case of the fishery
8. 使领馆	（名）	shǐlǐngguǎn	diplomatic and consular missions
9. 球迷	（名）	qiúmí	(ball game) fan
10. 警方	（名）	jǐngfāng	police
11. 爆炸	（动）	bàozhà	explode；burst
12. 飓风	（名）	jùfēng	cyclone
13. 渔船	（名）	yúchuán	fishing boat
14. 军舰	（名）	jūnjiàn	warship
15. 炮击	（动）	pàojī	bombardment；cannonade
16. 海啸	（名）	hǎixiào	ground sea；tusnami
17. 秉持	（动）	bǐngchí	uphold
18. 执政	（动）	zhízhèng	come into power；be in the saddle
19. 归宿	（名）	guīsù	end-result
20. 遇险	（动）	yùxiǎn	be in danger
21. 同胞	（名）	tóngbāo	compatriot
22. 信条	（名）	xìntiáo	credendum

23.	维护	（动）	wéihù	save
24.	绑架	（动）	bǎngjià	abduct
25.	当事人	（名）	dāngshìrén	person concerned
26.	派遣	（动）	pàiqiǎn	dispatch; send; mission
27.	猖獗	（形）	chāngjué	rampancy
28.	涉外	（形）	shèwài	concerning foreign affairs
29.	警惕	（动、形）	jǐngtì	vigilance
30.	核实	（动）	héshí	verify; check
31.	警示	（动）	jǐngshì	caution
32.	跟踪	（动）	gēnzōng	shadow sb
33.	热线电话		rèxiàn diànhuà	(telephone) hot line
34.	筹备	（动）	chóubèi	prepare; arrange
35.	磋商	（动）	cuōshāng	consultation; consult
36.	交涉	（动）	jiāoshè	negotiate
37.	战乱	（名）	zhànluàn	chaoscaused by war
38.	政局	（名）	zhèngjú	political situation
39.	动荡	（动）	dòngdàng	turbulence
40.	抢劫	（动）	qiǎngjié	rob; loot; plunder
41.	蛇头	（名）	shétóu	felon
42.	陷阱	（名）	xiànjǐng	trap
43.	囊括	（动）	nángkuò	include; embrace
44.	移民	（动）	yímín	emigration

专 名

1.	马里	Mǎlǐ	Mali
2.	伊尔库茨克	Yī'ěrkùcíkè	Irkutsk
3.	"卡特里娜"飓风	Kǎtèlǐnà Jùfēng	*name of hurricane*
4.	索马里	Suǒmǎlǐ	Somalia

练 习

一、判断正误：

1. 2005年中国公民出境人数比2004年增长10%，预计，今后中国公民出境人数还会增加。（　　）
2. 坚持依法行政，突出了领事保护工作的特殊性。（　　）
3. 中国政府坚持"以人为本""执政为民"的理念，在外交工作中始终把保护人民群众的根本利益作为出发点和归宿，全力保护每一个遇险同胞的生命安全。（　　）
4. 外交部和驻外使领馆的一项重要任务就是保护海外中国公民和法人的合法权益。（　　）
5. 为了维护我国公民权益，近年来，外交部和驻外使领馆及相关部门密切配合、协调一致，成功处理了多起重大领事保护案件。（　　）
6. 领事保护工作有其特殊性和局限性，主要是：第一，保护的必须是当事人正当的合法权益；第二，必须遵守国际法和驻在国的相关法律；第三，派遣国的领事保护对接受国政府具有强制效力。（　　）
7. 保护中国公民利益五项机制的提出体现了中央制定的"预防为主、预防与处置并重"的原则。（　　）
8. 保护中国公民利益五项机制涉及到部际联席会议制度，预警机制、应急机制、服务机制以及磋商机制。（　　）

二、回答问题：

1. 从哪些方面可以看出，2005年的领事保护工作与2004年相比，总体形势相对平稳，领事保护预警和处置机制初见成效？
2. 在领事保护工作方面，中国政府的执政理念是什么？中国的领事保护工作的信条是什么？
3. 做好领事保护工作，主要取决于哪些因素？
4. 领事保护工作的特殊性和局限性主要体现在哪些方面？
5. 保护中国公民利益的五项机制是什么？

部分练习参考答案

第一单元 医疗改革

1. 呼唤"病者有其医"

   一、1. 对 2. 错 3. 错 4. 对 5. 对 6. 错 7. 对 8. 错 9. 对
   10. 对

2. 为什么医改需要反映民意？

   二、1. D 2. C 3. D 4. A 5. C 6. B

3. 更多的医院可以也能够由社会来创办

   一、1. 错 2. 对 3. 对 4. 对 5. 错 6. 对 7. 错 8. 对 9. 对
   10. 错

第二单元 工作与健康

1. 用积极的心态面对职业倦怠

   一、1. B 2. C 3. D 4. A 5. D 6. C 7. A 8. B 9. D

2. 中年人切记：不会休息就不会工作

   二、1. 对 2. 对 3. 错 4. 对 5. 错 6. 对 7. 对 8. 对 9. 错
   10. 对

第三单元 反腐倡廉

1. 消灭"亚腐败"现象

   一、1. 对 2. 错 3. 对 4. 错 5. 对 6. 对 7. 对 8. 错

2. 消灭"亚腐败"任重而道远

   一、1. 对 2. 错 3. 错 4. 对 5. 对 6. 对 7. 错 8. 对 9. 对

3. 地方跟进问责制 政治参与是关键

   一、1. D 2. C 3. C 4. D 5. C 6. D 7. C 8. D

第四单元 生态与文明

1. 北京厕所：让人们方便点，离文明近一些

   一、1. 对 2. 错 3. 对 4. 对 5. 对 6. 错 7. 对 8. 对 9. 对 10. 错

2. 给风景名胜放个长假

   一、1. D 2. A 3. C 4. B

   二、1. 错 2. 错 3. 对 4. 对 5. 对 6. 对 7. 对 8. 对

第五单元 保护文化遗产

1. 当孩子们"遭遇"洋文化

   一、1. 错 2. 对 3. 对 4. 错 5. 错 6. 对 7. 对 8. 对 9. 对 10. 对

2. 非物质文化遗产保护仅有热闹是不够的

   一、1. B 2. D 3. A 4. D 5. B 6. C

第六单元 春节文化

1. 外国人乐过中国年

   一、1. 对 2. 错 3. 对 4. 对 5. 错 6. 对 7. 对 8. 错 9. 错 10. 对

2. 春节海外升温的启示

   一、1. 对 2. 错 3. 对 4. 对 5. 对 6. 对 7. 对 8. 对

第七单元 禁毒斗争

1. 禁毒斗争任重道远

   一、1. D 2. A 3. B 4. B 5. D 6. D

   二、1. 对 2. 错 3. 错 4. 对 5. 对 6. 错 7. 错 8. 对

2. 切断国际贩毒通道

   一、1. D 2. B 3. A 4. C

   二、1. 对 2. 对 3. 错 4. 错 5. 对 6. 错 7. 对 8. 对 9. 错 10. 对

部分练习参考答案

第八单元　中国与世贸

1. 加入世贸四年　中国可得高分

   一、1. 对　2. 错　3. 错　4. 错　5. 对　6. 对　7. 错　8. 对　9. 错
   10. 对

2. 世贸香港会议带来新契机

   一、1. C　2. B　3. B　4. D　5. C　6. D

第九单元　铁路与航空

1. 京沪高速铁路：开启高速新时代

   一、1. 对　2. 错　3. 对　4. 错　5. 对　6. 错　7. 对　8. 错　9. 对
   10. 对

2. 空客 A320 总装线落户天津

   一、1. 错　2. 错　3. 对　4. 错　5. 对　6. 错　7. 对　8. 对

第十单元　载人航天

1. 弘扬伟大的载人航天精神

   一、1. D　2. C　3. D　4. C　5. D
   二、1. 对　2. 对　3. 错　4. 错　5. 对　6. 对　7. 错　8. 对

2. 自主创新圆了中国人的飞天梦

   一、1. 对　2. 对　3. 错　4. 错　5. 对　6. 错　7. 对　8. 错　9. 对
   10. 错　11. 对　12. 对

第十一单元　出入境与户籍制度

1. 空港进出境旅客申报制度三大变化

   二、1. 对　2. 对　3. 对　4. 错　5. 错　6. 错　7. 对　8. 对

2. "绿卡"制度是户籍制度改革的必要过渡

   一、1. A　2. D　3. C　4. B　5. D　6. D　7. C　8. A
   二、1. 对　2. 对　3. 错　4. 对　5. 对　6. 对　7. 错　8. 对　9. 对
   10. 对

第十二单元　学历反思与职业教育

1. 让学历回归本位

　　一、1. D　2. C　3. B　4. A　5. C

2. 反思高学历为取舍的社会导向

　　一、1. 对　2. 对　3. 错　4. 错　5. 对　6. 错　7. 对　8. 对　9. 对
　　　　10. 对　11. 错　12. 对

3. 职业教育关系核心竞争力

　　一、1. 对　2. 错　3. 对　4. 错　5. 对　6. 对　7. 错　8. 对　9. 错
　　　　10. 对

第十三单元　百姓生活

1. 衣食住行：见证5年变迁

　　二、1. C　2. B　3. D　4. B　5. C

2. 上海普通工薪家庭折射出中国收入分配40年变迁

　　一、1. 对　2. 错　3. 对　4. 对　5. 对　6. 错　7. 错　8. 错　9. 对
　　　　10. 错

第十四单元　黄金周

1. 黄金周收入增长与旅游幸福感成反比

　　一、1. D　2. A　3. C　4. B　5. D　6. D

2. 黄金周：改变中国人的生活方式

　　一、1. B　2. A　3. C　4. C　5. D　6. A

第十五单元　公民安全

1. 群众安全感调查不应止于"社会治安"

　　一、1. B　2. D　3. C　4. A　5. C

2. 中国政府保护公民海外安全

　　一、1. 错　2. 错　3. 对　4. 对　5. 对　6. 错　7. 对　8. 对

生词总表

A

癌症	1-2
安身立命	12-2
按捺不住	6-1
熬夜	2-2
傲慢	11-2

B

拔尖	12-2
摆脱	12-3
拜年	6-2
绑架	15-2
保安	13-2
保护伞	1-1
保健	2-2
保洁工	13-2
保障	1-1
报端	2-2
爆炸	15-2
卑劣	2-1
奔波	5-2
本土化	9-2
苯丙胺	7-1
闭关自守	5-2
庇护	11-2
筚路蓝缕	10-1
弊端	1-2
边防	7-2
编制	3-1
鞭炮	6-1
贬值	12-2
便捷	9-1
变迁	13-1
辩证	2-2
标识	11-2
憋	4-1
别墅	2-1
宾馆	4-1
冰毒	7-1
秉持	15-2
并行	9-1
剥离	1-3
补贴	8-2
不拘一格	12-2
不绝于耳	6-1
不堪重负	3-2

C

才华横溢	2-2
采访	11-1
参考	5-1
餐饮	14-2
残酷	4-2
仓促	4-2
苍穹	10-1
舱	10-2
藏匿	7-2
操作性	1-3
草案	8-1
层面	15-1
差异	11-2
查处	3-3
查获	7-2
查扣	7-1
阐述	3-2
猖獗	15-2
尝试	9-2
场合	3-3
场景	5-3
超负荷	2-2
超支	3-1
车祸	2-1
车间主任	13-2
扯皮	8-2
尘埃落定	9-2
沉浸	6-1
呈现	11-2
承诺	3-3
承载	12-1
诚然	14-1
程序	1-2
持之以恒	3-3
冲击	8-1
冲突	1-2
筹备	15-2
筹资	1-2
出行	14-2
初见成效	15-2
储备	9-2
处罚	3-1
穿行	4-1
传统	5-1
创新	5-1
纯粹	14-1
慈善机构	1-3
此起彼伏	5-3
匆匆	14-2
从容	3-3
凑齐	13-2
璀璨	6-1
脆弱	8-2
寸步不让	8-2
磋商	15-2
挫败	2-1

生词总表

挫折 …………………… 2-1	底气 …………………… 3-3
错综复杂 ……………… 3-2	底蕴 …………………… 6-2

D

达成 …………………… 8-2	递交 …………………… 11-1
达观 …………………… 14-1	缔约国 ………………… 5-1
打掉 …………………… 7-2	典故 …………………… 6-1
打劫 …………………… 15-1	点缀 …………………… 6-1
大案 …………………… 7-1	电磁 …………………… 9-1
大吃大喝 ……………… 3-1	电击 …………………… 2-1
大跌眼镜 ……………… 12-1	垫脚石 ………………… 10-1
大加赞叹 ……………… 5-3	玷污 …………………… 4-2
大款 …………………… 2-1	淀粉 …………………… 7-2
大千世界 ……………… 11-2	奠定 …………………… 10-2
大手大脚 ……………… 3-1	调度 …………………… 9-1
待工 …………………… 13-2	丢弃 …………………… 5-2
待价而沽 ……………… 12-2	董事会 ………………… 1-3
单纯 …………………… 12-3	动荡 …………………… 15-2
单位 …………………… 13-2	动态 …………………… 5-1
淡泊 …………………… 10-1	动植物 ………………… 4-2
当事人 ………………… 15-2	督办 …………………… 7-1
当之无愧 ……………… 5-1	督促 …………………… 2-2
党纪国法 ……………… 3-1	毒潮 …………………… 7-1
到位 …………………… 8-1	毒枭 …………………… 7-1
道口 …………………… 4-2	毒资 …………………… 7-1
登场 …………………… 13-1	独木桥 ………………… 12-3
登攀 …………………… 10-1	端平 …………………… 1-3
低保 …………………… 1-1	断子绝孙 ……………… 4-2
低廉 …………………… 5-3	对联 …………………… 6-1
	对应 …………………… 14-2
	蹲位 …………………… 4-1

多元	9-1	服装	13-1
多姿多彩	13-1	辐射	9-2
堕落	1-3	腐败	15-1

E

恶性	15-2	腐朽	5-2
耳闻目睹	4-1	负荷	4-2
二手房	11-2	负罪	2-1
		复古	5-2
		副职	3-3
		富足	11-2
		腹地	9-2

F

伐	4-2		
法人	9-1		

G

法则	2-2	改观	3-2
法治	11-2	改制	1-3
反之亦然	15-1	概括	10-1
泛滥	7-1	概念	2-1
泛舟	13-1	干戈	5-2
贩毒	7-2	干涸	4-2
方便	4-1	高速公路	9-2
仿照	1-3	高速铁路	9-1
飞船	10-2	高血压	2-2
非凡	9-2	高雅	5-3
肥胖	2-2	戈壁	10-1
废除	8-1	割裂	12-2
分成	13-2	格局	5-2
分红	1-3	格言	2-2
分歧	8-2	根深蒂固	13-2
风景名胜	4-2	根源	2-2
封闭	5-2	跟进	3-3
封锁	10-2		

生词总表

跟踪	15-2	逛	14-2
耕作	12-1	归咎	8-2
工薪	13-2	归宿	15-2
工艺	5-3	瑰宝	14-1
公报	15-1	轨道舱	10-2
公厕	4-1	轨道交通	9-2
公关	3-1	锅台碗柜	13-1
公款	3-1	国博	5-3
公立	1-1	国产化	9-1
公益	1-3	国力	6-2
公约	5-1	国企	13-2
功利	2-1	国学	5-2
攻关	10-1	过渡	11-2
供电	9-1	过劳死	2-2
供职	6-1	过瘾	6-1
沟通	5-1		
古迹	5-1	**H**	
古建	5-1	海关	7-2
古建筑	14-1	海归派	6-1
古琴	5-1	海洛因	7-1
骨干企业	9-2	海啸	15-2
故障	10-2	海洋	4-2
寡头	8-2	海域	4-2
关税	8-1	海子	4-2
关员	11-1	含糊	3-3
观赏	6-1	涵洞	9-1
官方	15-1	涵盖	5-1
官僚制	3-3	寒窗	12-1
广袤	10-1	航班	7-2

航天	10–2	惠及	1–1
航天员	10–2	货币	9–1
浩瀚	10–1		

J

合资	13–2	几率	2–2
合作谅解备忘录	9–2	机动灵活	12–3
合作医疗	1–1	机关	2–2
和谐	9–1	机械化	11–2
核实	15–2	机制	1–1
核心	8–2	积累	6–2
贺信	6–2	积蓄	13–2
黑市	7–2	基金会	1–3
红火	14–2	基因工程	12–1
红头文件	3–2	缉毒	7–1
洪水猛兽	5–2	缉私	7–2
厚望	8–2	羁押	7–2
呼叫	4–1	集成	10–2
忽视	4–2	集装箱	7–1
糊涂	2–1	集资	1–2
户籍	11–2	计划经济	13–2
花灯	6–1	技师	12–3
花卉	6–1	技术含量	9–1
花色	13–1	迹象	11–2
话题	1–2	继而	6–2
话语权	8–1	寄予	8–2
环环相扣	3–2	绩效	12–1
缓解	13–2	夹层	7–2
患者	1–3	家具	13–2
黄金周	14–1	家禽	13–1
回顾	5–1		

生词总表

价位	13 – 1	
假日办	14 – 1	
尖端	10 – 1	
兼顾	8 – 2	
兼容	9 – 1	
监测	5 – 1	
监管	1 – 3	
监控	7 – 2	
减负	13 – 2	
减振	9 – 1	
剪纸	5 – 3	
简化	11 – 1	
见证	13 – 1	
践踏	1 – 3	
僵局	8 – 2	
僵死	12 – 2	
讲师	2 – 2	
讲座	2 – 2	
降噪	9 – 1	
交叉感染	4 – 1	
交待	7 – 2	
交付	9 – 2	
交融	6 – 2	
交涉	15 – 2	
焦点	8 – 2	
狡猾	7 – 1	
脚踏实地	10 – 1	
缴获	7 – 1	
教授	2 – 2	

阶梯	12 – 1	
接管	1 – 3	
接轨	5 – 1	
街边	5 – 3	
街头巷尾	4 – 1	
杰出	3 – 1	
洁具	4 – 1	
结局	4 – 2	
捷径	10 – 2	
竭泽而渔	4 – 2	
戒毒	7 – 1	
届时	9 – 1	
界定	15 – 1	
借鉴	4 – 2	
金字塔	12 – 2	
紧锣密鼓	9 – 1	
紧缺	12 – 3	
劲头	1 – 3	
进展	8 – 2	
进账	14 – 2	
禁止	1 – 3	
经济特区	11 – 2	
精品	6 – 1	
精髓	6 – 2	
精湛	12 – 3	
井喷	14 – 1	
景点	4 – 2	
景区	14 – 1	
警方	15 – 2	

警告	8-2	扛	14-1
警示	15-2	考核	15-1
警惕	15-2	考评	15-1
警钟	1-1	考研	12-2
纠纷	11-1	苛求	2-1
救济	15-1	苛责	1-3
救生	10-2	科教兴国	12-2
就绪	11-1	科举制度	12-2
居高不下	3-2	可卡因	7-2
局势	15-1	刻意	2-1
局限	15-1	客栈	6-1
举棋不定	14-2	空港	11-1
举足轻重	6-2	空客	9-2
俱乐部	1-1	恐惧	15-1
飓风	15-2	口岸	11-1
捐赠	1-3	口水战	8-2
倦怠	2-1	口头	5-1
决胜	10-1	苦尽甘来	10-1
角力	8-2	苦恼	12-2
绝活	5-3	苦涩	13-2
绝迹	13-1	库藏	5-2
绝缘	10-2	宽容	1-3
军舰	15-2	宽裕	13-2
均衡	2-2	框架	3-3
		匮乏	12-2
K		扩建	9-2
开启	5-1	**L**	
凯歌	10-2		
康复	1-2	滥用	3-3
慷慨	10-1	劳教	7-1

劳务纠纷	15-2	屡见不鲜	11-2
劳逸结合	2-2	屡屡可见	12-1
理清	3-2	履新	8-1
力度	9-2	履行	3-3
历届	14-2	氯胺酮	7-1
历经	4-1	掠夺	4-2
立案	7-1	伦理	1-3
立法权	11-2	轮休	4-2
利润	1-3	轮椅	2-1
联邦制	11-2	络绎不绝	14-2
联合体	9-2	落网	7-2
联名	5-1	擦	14-2
廉洁	3-1	**M**	
廉政	3-3	麻	13-1
良知	2-1	麻醉	7-1
亮相	8-1	媒体	5-1
疗效	13-1	每况愈下	15-1
聆听	6-1	门卫	4-1
零部件	9-2	弥漫	12-2
零售价	7-2	迷宫	2-1
领事	15-2	迷茫	5-3
领域	8-2	棉花	8-2
流行歌曲	5-2	免冲	4-1
龙头企业	14-2	免税	11-1
隆重	10-1	免验	11-1
垄断	1-2	面料	13-1
楼盘	13-1	民办高校	12-1
路人	5-3	民歌	5-1
旅检	11-1	民间艺人	5-3

民生	4-1
民俗	6-1
民意	1-2
民营	1-3
民众	5-1
敏锐	15-1
明星	5-2
模式	5-1
默默奉献	10-1
木偶	5-3
幕后	7-2

N

拿捏	1-2
内涵	15-1
内敛	5-2
内置	4-1
纳入	1-1
纳税	11-1
囊括	15-2
能工巧匠	12-1
能耗	9-1
拟	1-3
凝聚	10-1
凝聚力	6-2
扭曲	8-2
扭转	8-2
农产品	8-2
农历	6-1
浓郁	6-1

挪用	3-1

O

偶像	5-2

P

排查	7-2
派遣	15-2
攀比	3-2
攀登	10-2
攀升	1-1
判断	15-1
炮击	15-2
泡	14-2
培训班	1-3
配备	11-1
配车	3-1
配额	8-2
膨胀	3-1
批准	5-1
披荆斩棘	10-1
匹配	3-3
偏僻	12-2
偏重	12-1
撇开	12-2
频繁	2-2
品牌	9-1
评价	5-1
迫不及待	6-1
破获	7-1

生词总表

铺设	9-1	侵蚀	2-2
铺天盖地	6-1	青睐	6-2
铺张浪费	3-1	清晰明了	5-3
普及	5-1	情报	7-2
瀑布	4-2	情趣	14-2
		请示	3-3
Q		穷困	1-2
七嘴八舌	5-3	球迷	15-2
期盼	9-2	曲解	12-2
欺诈	15-1	屈就	12-2
祈求	6-1	取舍	12-1
起草	5-1	取消	8-2
契机	3-3	去往	9-1
千军万马	12-3	全方位	7-2
迁徙	11-2	全封闭	9-1
迁移	11-2	全立交	9-1
牵引	9-1	全球化	6-2
前所未有	8-1	权威	13-1
前夕	8-2	权益	9-1
乾坤	12-2	确保	9-1
潜移默化	3-1	群体	1-3
欠佳	15-1		
强化	1-2	**R**	
强制	7-1	让步	8-2
抢劫	15-2	热线电话	15-2
敲门砖	12-1	人格	2-1
桥梁	9-1	人满为患	6-1
悄然	14-2	容纳	4-2
切入点	9-2	熔铸	6-2
侵害	15-1	融合	5-1

205

如厕	4-1	圣山	4-2
入不敷出	1-2	失误	3-3
入世	8-1	时令	6-1
入手	3-1	时尚	13-1
入住	7-2	时速	9-1
		实施	12-2

S

筛选	7-2	实物	5-3
擅长	12-1	食物链	3-2
膳食	13-1	使领馆	15-2
伤亡	15-2	视野	1-1
商家	14-1	试点	1-1
商品房	11-2	试金石	3-3
商务楼	4-1	适可而止	2-1
商务谈判	9-2	适中	13-1
蛇头	15-2	释放	9-1
设置	4-2	嗜酒	2-2
社会风气	15-1	誓言	10-2
社区	2-2	手艺	12-3
涉及	8-2	守岁	6-1
涉外	15-2	首付	13-2
申报	5-1	寿命	2-2
神经症	2-1	受贿	3-1
神奇	5-2	数控机床	12-2
审计师	1-3	衰老	2-1
审批	3-3	双线	9-1
渗透	3-2	水泄不通	5-3
升级	9-1	税率	8-1
生物学家	5-1	顺藤摸瓜	7-2
生息繁衍	4-2	丝	13-1

随同	11-1
随心所欲	12-2
隧道	9-1
所向披靡	10-1
索取	11-1
索要	5-3

T

台胞	6-1
太空	10-2
贪污	3-1
谈判	8-2
探究	12-1
探路	12-2
糖尿病	2-2
逃避	7-1
逃逸	10-2
淘金	14-1
讨价还价	8-2
特快列车	9-1
特聘	3-2
特质	5-2
腾飞	12-3
提案	5-1
提拔	3-1
提升	12-2
体能	13-2
天伦之乐	14-2
填写	11-1
调整	14-2

铤而走险	12-1
通报	7-1
通关	7-2
通行	5-1
通行证	12-2
同胞	15-2
同舟共济	10-1
痛不欲生	2-1
投石问路	7-2
投资	9-1
突发事件	15-2
突破	8-2
突审	7-2
图例	4-1
推崇	2-1
推广	5-1
推诿	8-2
推行	11-2
拖延	8-2
脱颖而出	12-2
妥协	14-1

W

外漏	4-1
外企	6-1
完毕	8-1
完满	11-2
万能良药	8-2
网站	15-1
妄自尊大	5-2

旺盛	6-2
微重力	10-2
围观	5-3
帷幕	8-2
维度	2-1
维护	15-2
伟业	10-1
文凭	12-1
文山会海	3-1
乌托邦	11-2
无缝线路	9-1
无砟轨道	9-1
武侠	5-2
务工	1-1
务实	12-1
物化	12-3

X

喜酒	13-2
喜庆	6-1
喜悦	6-1
戏曲	5-3
下岗	1-1
下馆子	13-1
下线	7-2
先驱	12-3
纤维	13-1
弦	9-2
衔接	12-3
嫌疑人	7-2

显现	6-2
现场	5-3
线索	7-2
限值	11-1
宪法	11-2
陷阱	15-2
相当	12-3
相辅相成	6-2
相去甚远	8-2
享有	11-1
消极	2-1
消解	14-1
销售额	14-2
小富即安	5-2
小憩	2-2
效能	3-3
协议	8-2
携带	11-1
鞋帮	13-2
写照	1-1
心肌梗塞	2-1
心脑血管病	2-2
薪酬	13-2
信条	15-2
信息化	5-1
刑事	3-3
行政首长	3-3
形式主义	14-1
胸襟	5-2

生词总表

休闲 ········· 14-1	医师 ········· 1-3
休养生息 ····· 4-2	医治 ········· 8-2
休游 ········· 4-2	依法行政 ····· 11-1
休渔 ········· 4-2	依赖 ········· 8-2
虚构 ········· 3-1	依托 ········· 1-3
削减 ········· 8-1	仪表 ········· 13-2
雪域 ········· 4-2	贻误 ········· 2-2
寻常 ········· 13-1	移民 ········· 15-2
巡视 ········· 5-1	遗憾 ········· 5-3
训练有素 ····· 12-3	遗留 ········· 1-2
	遗忘 ········· 2-1
Y	遗址 ········· 5-1
	义无返顾 ····· 10-1
压抑 ········· 2-1	抑郁症 ······· 2-1
亚腐败 ······· 3-1	意料 ········· 8-2
湮没 ········· 8-2	阴暗面 ······· 2-1
延伸 ········· 15-1	银子 ········· 5-3
沿线 ········· 9-1	引咎辞职 ····· 3-3
研制 ········· 9-2	印记 ········· 6-2
俨然 ········· 3-2	英才 ········· 12-2
掩饰 ········· 6-1	英年早逝 ····· 2-2
验证 ········· 10-2	赢利 ········· 1-3
养老 ········· 13-2	硬性 ········· 3-1
摇头丸 ······· 7-1	拥挤 ········· 5-3
遥控 ········· 7-1	拥有 ········· 11-2
业绩 ········· 2-1	优惠 ········· 1-3
一股脑 ······· 5-2	游客 ········· 4-2
一哄而散 ····· 5-3	有待 ········· 8-2
一举一动 ····· 7-2	有目共睹 ····· 8-1
一线人员 ····· 11-1	
一言以蔽之 ··· 14-1	

词语	页码	词语	页码
鱼类	4-2	斩关夺隘	10-1
渔船	15-2	展品	5-3
渔事案件	15-2	辗转	7-2
与日俱增	15-1	战乱	15-2
与时俱进	5-2	战略	5-1
玉帛	5-2	彰显	5-1
玉米	12-2	账户	1-2
预案	10-2	障碍	8-2
预警	5-1	招工	12-2
预示	1-1	招商引资	1-3
遇险	15-2	肇始	5-1
誉为	6-1	针锋相对	8-2
园艺	14-2	侦查	7-1
院士	5-1	真刀真枪	8-1
约束	3-1	诊所	1-3
运筹帷幄	10-1	缜密	7-1
运载火箭	10-2	振兴	12-3

Z

词语	页码	词语	页码
杂交	12-2	争论	8-2
载人	10-2	争议	11-1
在行	6-1	争执不下	8-2
赞赏	11-2	整合	11-1
赞同	3-2	正点率	9-1
造诣	12-1	正线	9-1
增幅	14-2	郑重	3-3
增设	11-1	政绩	15-1
增值	14-2	政局	15-2
债务	9-1	症状	2-2
斩断	3-2	支线	9-2
		知识产权	9-1

生词总表

知识分子 …………… 2–2	转折点 …………… 8–2
执教 ………………… 9–2	装修 ……………… 13–2
执政 ……………… 15–2	壮举 ……………… 10–2
直辖市 …………… 11–2	壮年 ……………… 13–2
职教 ……………… 12–3	追补 ……………… 14–1
职权 ……………… 3–3	追究 ……………… 3–3
职责 ……………… 3–3	准入 ……………… 8–2
指标 ……………… 11–2	准则 ……………… 5–1
指责 ……………… 8–2	捉襟见肘 ………… 3–2
至理名言 ………… 2–2	资本 ……………… 1–3
制贩 ……………… 7–1	资历 ……………… 12–2
制约 ……………… 12–3	自律 ……………… 3–2
治安 ……………… 15–1	自杀 ……………… 2–1
致残 ……………… 2–2	自治 ……………… 11–2
智商 ……………… 2–1	自主 ……………… 9–1
中坚 ……………… 8–1	宗教 ……………… 1–3
种类 ……………… 5–1	综观 ……………… 12–3
种子 ……………… 2–2	总机 ……………… 14–2
重担 ……………… 2–2	总署 ……………… 11–1
重用 ……………… 3–1	纵深 ……………… 5–1
主宰 ……………… 8–2	走私 ……………… 7–1
注册 ……………… 13–2	阻挡 ……………… 5–2
注解 ……………… 6–2	遵循 ……………… 1–2
铸就 ……………… 10–1	佐证 ……………… 3–3
抓捕 ……………… 7–2	作废 ……………… 14–1
转包 ……………… 9–2	作祟 ……………… 4–2
转岗 ……………… 12–3	坐镇 ……………… 7–1
转换 ……………… 1–1	座舱 ……………… 10–1
转型 ……………… 15–1	

专　　名

A
阿根廷 …………………… 6–2

B
北京海关缉私局 ………… 7–2
北京市公安局毒检中心 … 7–2
布莱尔 …………………… 6–2
布什 ……………………… 6–2

C
长征二号 ………………… 10–2

D
敦煌莫高窟 ……………… 4–2

F
菲律宾 …………………… 7–1
福建省公安厅禁毒总队 … 7–1

G
公安部禁毒局 …………… 7–1
国家禁毒委员会 ………… 7–1

H
哈利·波特 ……………… 5–2
华东 ……………………… 9–1
环渤海地区 ……………… 9–2
黄山 ……………………… 4–2

J
加加林 …………………… 10–2

加纳 ……………………… 7–2
金三角 …………………… 7–1
京津冀 …………………… 9–2
京津塘 …………………… 9–2
九寨沟风景区 …………… 4–2

K
"卡特里娜"飓风 ………… 15–2
坎昆 ……………………… 8–2
可口可乐 ………………… 5–2
肯德基 …………………… 5–2

L
莱索托 …………………… 7–2

M
马来西亚 ………………… 7–1
马里 ……………………… 15–2
麦当劳 …………………… 5–2
缅甸 ……………………… 7–1
墨西哥 …………………… 8–2
木卡姆 …………………… 5–1

O
欧盟 ……………………… 8–2

S
山西悬空寺 ……………… 4–2
神六 ……………………… 10–2
神农架国家级自然保护区 … 4–2

神五 …………………… 10-2
苏州拙政园 …………… 6-1
索马里 ………………… 15-2

T

泰国 …………………… 7-1
天津滨海新区 ………… 9-2

W

王永志 ………………… 10-2

X

新西兰 ………………… 6-2

Y

燕莎 …………………… 7-2
杨利伟 ………………… 10-2
伊尔库茨克 …………… 15-2
印尼 …………………… 6-2
元宵节 ………………… 6-1

Z

贞丰里 ………………… 6-1
贞固里 ………………… 6-1
周庄 …………………… 6-1